red

Tadeusz Różewicz
recycling

*

translated by
Barbara Plebanek
and Tony Howard

*

with an introduction
and additional translation by
Adam Czerniawski

PUBLICATIONS
2001

Published by Arc Publications
Nanholme Mill, Shaw Wood Road
Todmorden, Lancs. OL14 6DA

Design Tony Ward
Printed by Arc & Throstle Press
Nanholme Mill, Todmorden, Lancs.

ISBN 1 900072 51 3

The Publishers acknowledge financial assistance
from the Arts Council of England

Arc Publications: Visible Poets Series
Editor: Jean Boase-Beier

CONTENTS

Translators' Preface / 9
Introduction / 13

22 / Zwierciadto • Mirror / 23
24 / *** (mój krótki wiersz) • *** (my short poem) / 25
recycling • recycling
26 / I Moda • I Fashion / 27
32 / II Złoto • II Gold / 33
46 / III Mięso • II Meat / 47
66 / Unde malum • Unde malum / 67
68 / Z ust do ust • Mouth to Mouth / 69
72 / Poemat równoczesny • Simultaneous Poem / 73
80 / Francis Bacon • Francis Bacon (*trans. Adam Czerniawski*) / 81
98 / Rodzina Nadpobudliwych • The Hyperactive Family / 99
110 / *** (pusty pokój) • *** (an empty room) / 111

Translators' Endnotes / 113
Biographical Notes / 117

SERIES EDITOR'S NOTE

There is a prevailing view of translated poetry, especially in England, which maintains that it should read as though it had originally been written in English. The books in the *Visible Poets* series aim to challenge that view. They assume that the reader of poetry is by definition someone who wants to experience the strange, the unusual, the new, the foreign, someone who delights in the stretching and distortion of language which makes any poetry, translated or not, alive and distinctive. The translators of the poets in this series aim not to hide but to reveal the original, to make it visible and, in so doing, to render visible the translator's task, too. The reader is invited not only to experience the unique fusion of the creative talents of poet and translator embodied in the English poems in these collections, but also to speculate on the processes of their creation and so to gain a deeper understanding and enjoyment of both original and translated poems.

Jean Boase-Beier

At an age when most writers rest on their laurels, Tadeusz Różewicz still issues challenges. In this volume readers will find him pacing through galleries and libraries, reviewing the legacy of legendary or forgotten artists, drawing them into his meditations and debates. He is also, however, urgently tuned in to the present: scanning newspapers, magazines and broadcasts, he packs his poetry with details from fleeting news stories, bricollageing them into new conjunctions, posing disturbing questions. For Różewicz, these fragments are of more than passing significance. They show our umbilical connection with the past, and they cast doubt on our future.

In *recycling,* the fact and inheritance of the Holocaust - after fifty years of forgetting and increasingly in the face of denial - coexist on the page alongside chattering fashion stories, business journalism, and contemporary political evasions. Różewicz is committed here to the acts of detection and selection. He tracks down, quotes and relineates journalism into poetry that exposes more than such discourses have generally intended. He pinpoints language's potential for lies, superficiality and nonsense. Against this, the forensic factual clarity of his own words prises open the reader's conscience.

Writing in the ruins after World War II, Różewicz said that poetry died in the concentration camps, totalitarianism's monuments to itself. As it turns out, fifty years later poetry is still alive but so are totalitarian systems, whether as echoes of the past or assuming new forms. In response, the pieces in this collection, all published between 1991 and 2000, propose a new poetics. Taking stock of what the last century achieved, the title work, "recycling" itself, is a humanist reinvention of Pound's and Eliot's collage techniques in the *Cantos* and *The Waste Land – recycling* is a searing reproof of elitism and antisemitism.

"Fashion" and "Gold", the first two parts of "recycling" (1998), are as harrowing as they are factual. They are also uplifting because they enact a writer's struggle to uphold and restate truth. Różewicz refuses to let the past die. In "Fashion", visual and verbal images of the camps disrupt today's inane, self-congratulatory language of consumption, jamming its transmission. In "Gold", scraps of long-suppressed information slowly build up into a litany, a harrowing condemnation of an international culture of denial. Yet after unspeakable tragedy, Różewicz then gives us farce: Part Three, "Meat", is a response to the BSE epidemic and makes "recycling" probably the only epic poem to feature Tony Blair and the hamburger-loving Conservative Agriculture Minister John Selwyn

Gummer. However there is much more to this grotesque anticlimax than easy satire. As life is reduced to an industrial process, as science plays games, and as nervous politicians mask the crimes on which our society increasingly depends, "Meat" recapitulates the insane history of the twentieth century. In a postscript which has provoked angry moral debate in Poland, Różewicz argues that man is the source of evil.

If the text of "recycling" and especially "Meat" sometimes seems a random heap of phrases salvaged from the rubbish heap of the world's media, this is, as Różewicz explains, because "Meat" is "virtual" verse. It has no "form", it's an extension of our current experiences and it spills back into life. In fact there is a literal blurring of forms within "recycling": gold and corpses merge, diseases leap between species, people become meat. Różewicz holds up the languages of diplomacy, science, politics and trade for examination: here appearance counts for everything and abstractions neuter meaning. ("Paris expressed regret....") In Spring 2001 as we began work on "Meat", he showed us new press cuttings and said, "Every day's adding new lines to this poem." In November 2000, as we complete this introduction, the death toll of CJD victims, many of them children, begins to be acknowledged and escalating reports link Italy, Germany, Britain, Paris and Strasbourg as if quoting Różewicz. As he put it: "The poem keeps writing itself...."

Różewicz's sharp eye and moral determination are matched by wry humour. He is known internationally – sadly less so in England – as one of the great experimental playwrights, a dramatist who marries historical and psychological insight with the black comedy of the Absurd. He is keen not to be seen (and safely ignored) as a grim soothsayer and titled his most recent collection *Smiles* (*Uśmiechy*). It includes "The Hyperactive Family" (2000) which notes the strange ways in which contemporary horrors enter the manic comic fabric of domestic life ("excuse me is that Radio Dribble?.../my grandson got upset/ and started shooting he killed/ twelve people").

What is the translator's task here? First of course to ensure a wider audience for poetry that so powerfully marks the end of one century and the prospect of a "new" age. The main features of these works are their dramatic quality and internal diversity. They teem with discordant voices ("Radio Dribble") and linguistic registers (journalistic, diplomatic, philosophic and colloquial; legalese, police jargon, nursery rhymes and the cries of far-from-innocent children). In trying to convey this we faced the usual translation problems of cultural distance, even though this is poetry deliberately pitched on an international scale. In a few places we have substituted new jokes (in "Hyperactive Family", "Kudrej" is an invented name which to Polish ears sounds amusingly pseudo-French; Anglophone readers need something different). Różewicz has encouraged us to add footnotes, which sometimes provide information about key protagonists and sometimes are the last resort of translators who – much as they tried - have failed to match a crucial pun. This applies to the Grandfather in "Hyperactive Family" who keeps staring in a mirror ("lustro") and – in the original Polish – wants to "lustrate himself" ("zlustrowaćsię"). This plays with the name of Poland's controversial "Vetting Court"(literally "Lustration Court"), intended to judge whether individuals' activities in the Communist era should bar them from public office today. The "lustration" process has not yet entered English common usage; the not-dissimilar South African "Truth and Reconciliation" Commission has, but would not fit in this context, so we have opted for a looser term: "vetting".

Anyone who felt entitled to translate Różewicz freely would be badly deceived. His apparently simple language is extraordinarily precise - it is full of half-hidden signs which must not be lost. Even the length and division of lines matters a great deal, because of the poems' strong visual qualities. Różewicz sometimes publishes his autograph drafts, exposing their sculptural form. In his manuscripts the process of writing involves a constant stripping away, the sculptor's search for the bare essence within each poem. Just as he sifts through the growing detritus of our time, he sifts his own utterance. For example the first published version of "Simultaneous Poem" (1991) ended with a moral comment from Różewicz. He subsequently cut it. It had, as it were, given him the last word, whereas in the revised version included here it is the reader who must complete its meaning and interpret the interlocking tales it resurrects. Silence is a voice and a statement in Różewicz's writing. The very gaps between his words express eloquent tensions. So when faced with a problem of linguistic economy, his translators must always say less, not more.

Różewicz is generous in acknowledging his personal debt to the translation process, so much so that he prefaced the Polish edition of his 1996 collection *zawsze fragment* (*always a fragment*) with Adam Czerniawski's English version of "Francis Bacon". We are very pleased to be able to include it here in a slightly different version. From the translator's point of view, a particularly intriguing aspect of Różewicz's writing is the fact that many poems involve more than one language. The works in this collection include Latin and English passages and German is particularly conspicuous. This, he comments for the Arc edition, is a matter of: "The sound, the drama, the juxtaposition. I read a lot in German. Every language has its own phonetic properties, the different shades of sound bring out the drama taking place between different languages. If I were writing about an African community, I would incorporate something in their language." Różewicz's "recycling" shows how history and behaviour force language itself to experience metamorphosis. Here German, the medium of Idealism, can be recycled as the sound of Brutality. Some of the German lines derive from his reading, for example in Goethe ("gefrorene Musik"), others from oral history, such as the list of invectives women were assailed with in Auschwitz. In fact Różewicz is a safe guide through Babel – the foreign passages often echo the meaning of the neighbouring text – but each reader must negotiate a personal relationship with the alien voices. Every language, he stresses, affects the ear with a different resonance. Therefore foreign quotations in the Polish text remain unchanged in this edition with a translation provided in the Translators' Endnotes. Fragments in English in the original Polish are printed in italics in the translation.

One decision requires explanation. Polish makes less use of capitalisation than English and in particular when names become adjectives they normally appear in lower case (e.g.: "faszyści chorwaccy" – "croatian fascists"). In the verbal landscape of Różewicz's poetry, punctuation with its pretensions to Order plays a minimal role; words are things and at a key point in "recycling" he dispenses with capitals where the rules of Polish grammar require them, in order to expose the reduction of human beings into objects:

the count proceeds
jews gypsies germans
ukranians poles russians ...

In this poem, therefore, we have generally tried to follow his example: see, for instance, "the christian world", "swiss francs", "polish-language 'national' papers" .... Applying English capitalisation in this context would be worse than obtrusive, it would obscure Różewicz's linguistic struggle with the forces of depersonalisation.

At the end of the post-Holocaust poem "Gold" an exhausted disciple asks if the master might compress the subject into a haiku. He cannot. Yet there are a number of short lyrics here which speak with a different voice: quiet, reticent, deeply personal. Confronting his reflection, observing a dip in a pillow, listening to the stillness of the night - here he is taking stock.... Tadeusz Różewicz is a poet who only writes what he must. But if silence has always been an option for him, at this late stage in his life he has found like Yeats and Ibsen that he cannot drift into tranquillity and mute retirement. The world's need for honesty is too great.

In 2000 Tadeusz Różewicz was awarded the Nike Prize. It is the highest Polish literary award given for the best book of the year. The poet's publication was in fact a memoir of his mother entitled *Matka odchodzi* [Mother departs], made up of loose reflections and reminiscences, interwoven with the poems that over his long and very productive life he had devoted or inscribed to her. He writes there:

> I am 78. I am a poet. At the start of the way I did not believe in that miracle ... that one day I shall be a poet; at times, roused during the night by dream terrors and spectres I sought refuge in the wish, the thought 'I shall be a poet', I shall drive away spectres, darkness, death... I shall enter into the light and music of poetry, into Silence. Now, when I am writing these words, Mother's calm searching eyes are resting on me. They observe me from 'the other world', from a realm in which I do not believe. There is a war on. One of a hundred that have been waged ceaselessly since the end of World War II until now.

At 'the start of [his] way' – physically Różewicz had to confront the horrors of German occupation; aesthetically, emotionally, he had to overcome the challenge of Theodor Adorno's notorious verdict that after Auschwitz poetry was no longer possible. Right from the start of his long poetic Odyssey, begun just after the war, Różewicz conclusively demonstrated the falsity of the German thinker's claim. I say 'conclusively' because it would have been open to him to fudge the challenge by continuing to write in the way poets wrote, and some continued to write, as though the unspeakable horrors of the 20th century had never happened. But he produced his first spare arresting poems about crematoria – and they are the very rare successful ones among the very many composed on this immensely difficult subject – already in 1948. And now here he is half a century later, bitterly ironical about those who persist in saying that 'the Holocaust never happened'. So the Czech poet Miroslav Holub was right to insist that 'It should be acknowledged that Różewicz was about the first to write the Poetry of Survival, poetry which is gasping for breath rather than producing intriguing words. He was the first to suggest what kind of poetry could be written after Auschwitz.'

As early as 1957 Różewicz had a clear understanding of his poetic task: 'Literary types who compose "separate" stories, novels, poems – are superficial. Conrad had written only one poem. They said "Tadeusz R. repeats himself" – this was and perhaps still is the most valuable element in the whole of my work. Dogged revision, repetition, returning to the same material and so... to the end. There is no other way'. A strange description of Conrad's work, a strange avowal from someone who is not only a prolific poet, but also a dramatist and prose-writer. Is this all 'one poem'? Was I wrong, when in my Introduction to a comprehensive selection of his poems, I stated: 'His thematic range is very wide: memories of childhood, war, love, eroticism, art, religion, ageing and death, human relations, the role of poetry and of the poet, compassion, tenderness, the anxieties and horrors of modern civilisation, and fear of nuclear holocaust'?[1]

I am sure that the poet's answer would be: Yes, the individual short and long poems I have written, as well as the plays and short-stories, are all fragments of a comprehensive poem about all aspects of human experience, which I have not yet finished and which in the end I shall leave unfinished. Just as 'recycling' is a continuation of 'Et in Arcadia Ego' (1961), so 'Francis Bacon' is a continuation of 'Tate Gallery Shop' (1983), but crucially it is a self-consciously retrospective poem, taking us all the way back to 1945. In it the poet confronts his own most elemental source of inspiration with that of the painter's; 'Mirror' and 'an empty room', like so many of his short, sparse lyrics, focus on the passing of time, ageing and silence; while 'my short poem' is yet another of many poems which comment on, express wonder, puzzlement, and even exasperation with that fundamental statement 'I am a poet', uttered boldly and proudly by a man with over half a century's work behind him. For as Różewicz well knows and has recorded in several poems, not everyone who composes verses is a poet.

The poet's assertion that he is continually rewriting, revising the same poem, may also be understood almost literally. The beautiful Polish edition of his *Płaskorzeźba* [Bas-relief] (1991) provides a striking example of this. Here the master of anti-poetry, of negation and austerity, reached new levels of compression and desolation:

> my time is up
> time presses

[1] Tadeusz Różewicz, *They came to see a poet* trans. Adam Czerniawski (Anvil, London 1991, p.12).

what's one to take
to the further shore

nothing

so that's
all
mummy

yes sonny
that's all

and nothing more

nothing more

so that's all of life

yes that's all[2]

But a very special feature of that volume is the presence of auto-
graphs facing every poem. Written in the poet's lucidly legible
schoolboy handwriting (with tantalising deletions: some decipher-
able, some totally obliterated) they offer in effect variations on
themes and demonstrate the workings of a poet's mind. But most
importantly, they demonstrate a most significant aspect of the po-
et's composing method. No poem, new or old, is immune from
revision (a nightmare for scholars, editors and translators) for they
are in effect portions of that one gigantic poem, never to be fin-
ished, always to be updated.

These palpable revisions in *Płaskorzeźba* also demonstrate
Różewicz's confidence and assurance: how many poets would (dur-
ing their life-times or even posthumously) be prepared to reveal
themselves thus to critical scrutiny? And how many would allow
publication of photographs of themselves carrying a rubbish bin to
a large refuse tip, as we see Różewicz do on the end-paper of
Płaskorzeźba? But with him, as with any good poet, nothing is
simple. The facing end-paper shows him at his desk gazing con-
tentedly at a pile of books which include his collected plays; *The
Burning Forest*[3] poetry anthology, in which he is the most promi-

[2] *They came to see a poet,* p. 220.
[3] Edited by Adam Czerniawski (Bloodaxe, Newcastle upon Tyne, 1988).

nent presence; a gold-leaf Palm he was awarded at the Macedonian Poetry Festival; and a pair of his glasses, which remind us of his 'Cage 1974', an impish poem about his own work-room posthumously turned into a museum:

> people who pass
> through this room drop their voices
> stealthily touch the furniture
> the spines of books I've read
> they stare at the pen the comb
> the spectacles
> [.................]
> at a manuscript of an unfinished
> poem[4]

Nor is the poet too impressed with the Palm, because, as he assures me, it is now tarnished, since the thin layer of gold-leaf has begun to peel. Also dialectically, the poet who often complains about his inability to write, writes prolifically; the poet who in his 'Draft for a Contemporary Love-poem' has stripped the object of desire of all physical attributes, produces a supremely erotic poem; the poet who says 'life without god is possible', also says in the same poem 'life without god is impossible'.

Two Polish poets have received the Nobel Prize in recent years: Czesław Miłosz in 1980 and Wisława Szymborska in 1996. Zbigniew Herbert also stood a chance, but he died in 1998. That leaves Różewicz, but it's very unlikely that Poland will be third time lucky in such a short space of time. Yet it is Różewicz who was best qualified to receive it, both on account of the range of his themes and because of the formal innovations which allowed him to move effortlessly from tender lyrics to the BSE crisis. Neither Miłosz's, nor Szymborska's, nor Herbert's formal and stylistic capabilities could have accommodated such extremes. Miłosz is a 19th century traditionalist who accidentally strayed into the 20th; Szymborska and Herbert would have found it difficult to achieve what they have achieved, had they not had Różewicz's poetic revolution as a basis to build on.

However, the Nobel is not the ultimate reward. Many writers thus awarded have since vanished into oblivion. Różewicz is now working on a selection of the poetry of Cyprian Norwid (1821-1883), ridiculed and ignored in his lifetime, now revered as a su-

---

[4] *They came to see a poet*, p. 25.

preme master of Polish literature. Różewicz must realise that such reversal, even if posthumous, is preferable to the Nobel, even though, unlike Norwid, he himself has from early on found acceptance and high praise, first in Poland and in due course abroad, especially in Germany, Austria and the English-speaking countries. He first visited England in 1971 for the Poetry International in London. His turn came after Denise Levertov had finished reciting a long, boring, pretentious tirade. He read 'Proofs':

> Death will not correct
> a single line of verse
> she is no proof-reader
> she is no sympathetic
> lady editor
>
> a bad metaphor is immortal
>
> a shoddy poet who has died
> is a shoddy dead poet
>
> a bore bores after death
> a fool keeps up his foolish chatter
> from beyond the grave[5]

Relieved, the audience in the packed Queen Elizabeth Hall cheered and applauded.

The places he most wanted to visit were Shakespeare's birthplace, The National Gallery in London – and Churchill's grave in Woodstock: a war-time resistance-fighter wished to pay homage to a great leader against nazism. I was surprised that this reputedly 'socialist-realist' writer, who had been looked-on rather kindly by the Polish communist authorities, felt affinity with the leading 'Cold-War-Monger' and 'Fascist Beast'. But then, during three decades of close friendship, both his poetry and his personality have taught me a number of lessons in complexity.

Adam Czerniawski, Monmouth, Wales, February 2001

---

[5] *They came to see a poet,* p. 142.

recycling

ZWIERCIADŁO

po latach zgiełku
niepotrzebnych pytań
i odpowiedzi
otoczyła mnie cisza

cisza jest zwierciadłem
moich wierszy
ich odbicia milczą

Rembrandt
w powijakach starości
bezzębny
przeżuwa mnie
śmieje się
odsłonięty
w Wallraf Museum

czemu nie zostałeś
niemową malarzem
Nikiforem Krynickim

wyniszczone przez czas rysy
rysują naszą wspólną
twarz

twarz którą widzę teraz
widziałem na początku
ale jej nie przewidziałem

lustro ukryło ją w sobie
żywe młode

teraz poczerniałe
martwe
umiera
bez odbicia
światła
oddechu

MIRROR

after years of noise
unnecessary questions
and answers
silence enfolds me

silence is my poems'
mirror
their reflections say nothing

Rembrandt
swaddled in old age
toothless
chews me
chuckling
exhibited
in the Wallraf Museum

why didn't you become
a mute painter
a Nikifor Krynicki [1]

lines ravaged by time
delineate our common
face

the face I see now
I saw at the start
but I did not foresee this

the young living mirror
hid it

blackened now
lifeless
dying
without reflection
light
breath

* * *

mój krótki wiersz
czasem się wydłuża
dłuży
wymyka spod ręki

więc go przycinam
przeważnie u dołu
rzadziej od góry
bo w górze jest światło
jest niebo
są chmury

są kłopoty z końcem
wiersz nie chce
się kończyć
ciągnie się dalej

nudzi marudzi
mnoży słowa
swój koniec odwleka

co zrobić z tym końcem

utopić go w ciemności
na modłę Celana
albo w kokardkę zawiązać
piękną jak motylek

albo w puentę
i tak zostawić
na przynętę

* * *

my short poem
sometimes elongates
drags
slips from my grip

so I trim it
usually at the bottom
rarely the top
because the top is all light
sky
clouds

they're problems endings
a poem doesn't want
to end
it keeps going

bores stalls
multiplies words
puts the end off

what can one do with the end

drown it in darkness
like Celan[2]
or tie it up in a bow
pretty as a butterfly

or bring it to a point
and leave it
as bait

RECYCLING

*„Was ist Recycling? Die Wiederverwendung
bereits einmal oder mehrfach benutzter
Rohstoffe zur Gewtinnung neuer Produkte"*

I

Moda (1944-1994)

jego ubranie składało się
z czapki kominiarki
nocnej koszuli bez guzików
małego damskiego sweterka
spodni pomalowanych czerwoną farbą
starych butów
jeden był zupełnie podarty
a drugi malutki damski
nie chciał wejść na nogę

po pięćdziesięciu latach

w sportowych ubraniach
wracają do łask naturalne włókna
króluje wełna zmieszana
z poliesterami i poliamidami
utkana tak, że przypomina
ręcznie udziergane przez babunie
kamizele swetrzyska czapki i szaliki
najpopularniejsze są ciemne kolory
czerń szarość srebrzysty stalowy
zbrudzone pomarańcze
błękity i żółcienie wypierają

wściekłe kolory które do tej pory
królowały na ośnieżonych stokach
ona dostaje do męskiej koszuli
podarte kalesony
stare podarte spodnie
i bluzę z rosyjskiego zołnierza
ma na białym płótnie gwiazdę

RECYCLING

"Was ist Recycling? Die Wiederverwendung
bereits einmal oder mehrfach benutzter
Rohstoffe zur Gewinnung neuer Produkte"[3]

I

Fashion (1944-1994)

his clothes comprised
a woollen cap
a nightshirt with no buttons
a small woman's cardigan
trousers daubed red
old shoes
one all holes
the other a woman's tiny slipper
didn't fit at all

fifty years later

for casual wear
natural fabrics are back
wool reigns mixed
with polyesters and polyamides
woven to recall
granny's handknitted
waistcoats sweaters caps and scarves
dark colours are most popular
black grey silver steel
dusky orange
skyblue and shades of yellow ring the knell
for the wild colours that have ruled
the ski slopes until now

she receives a man's shirt to go with
ragged long underwear
old ragged trousers
and a russian soldier's tunic
she has a star on white canvas

nie-Żydówki mają czerwony trójkąt
na ogolone głowy szmaty
mam wrażenie że jesterm
na balu maskowym
orkiestra gra *Góralu, czy ci nie żal*

niektóre załatwiały się do misek
z których jadły zupę

po pięćdziesięciu latach

nawet największe elegantki
mają w szafach jesienne lub zimowe
szynele czy kurtki „bosmanki"
połyskujące dwoma rzędami guzików
Bluza marynarza kurtka bosmana
czy lotnika czapka oficera
kombinezon pilota ciągle mają
wierne wielbicielki już nie tylko
młodociane miłośniczki "patek"
sięgają po wojskowy styl

patrzał do ust kazał podnieść język
między palce u rąk i nóg
i w kiszkę stolcową
i do uszu

Schauen wir mal, wer
in diesem Sommer die Hosen anhat?

Die Designer haben sich
viele Modelle ausgedacht:

Bleistift – Hose, Marlene – Look,
Hippy – Feeling, Gucci – Dress
Zitronengelbe Hüft – Hose
mit Blümchenmuster
Perfekt zu bauchfreien Tops
und Pullis

28

non-Jewish women get a red triangle
rags on their shaved heads
I seem to be
at a masked ball
the orchestra's playing *Góralu, czy ci nie żal*[4]

some relieved themselves
in their soup bowls

fifty years later

even the most elegant women
keep greatcoats or bosun's jackets
with shiny double rows of buttons
in their winter wardrobe
A sailor's tunic a bosun's
or bomber jacket an officer's cap
a flying suit still have
a huge following it's not just
the young shoulder-strap brigade
who go for the military look

he looked into the mouth under the tongue
between the fingers and the toes
and in the anus
and in the ears

*Schauen wir mal, wer
in diesem Sommer die Hosen anhat?*

*Die Designer haben sich
viele Modelle ausgedacht:*

*Bleistift – Hose, Marlene – Look,
Hippie – Feeling, Gucci – Dress
Zitronengelbe Hüft – Hose
mit Blümchenmuster
Perfekt zu bauchfreien Tops
und Pullis*

w Oświęcimiu do kobiet mówiono
du vollgestopfter Strumpf
du alte Hexe alte Kanone
alte Hut alte Fetzen alte Krippe
alte Gazette
du Scheifladen Scheiflkübel
alte Waschkommode alte Ziege
alte Zitrone
Krematoriumsfigur

welcher Mann hat Lust
mich auf meinem weiblichen
Planeten kennenzulernen?

starke, sinnlich-erotische Schöne
akad. blond
liebst auch Du Theater
Musik Literatur Tanzen Ski
Tennis Sauna Reisen Wandern

Pani spotka pana
Pani spotka panią

Pan spotka panią
Pan spotka pana

przyłącz się do nas
będzie weselej

na ogolonej niedawno
do filmu głowie
wyrósł jej już gustowny jeżyk
a wspaniałe ciało opina
różowe bikini i osłania
duży ręcznik kąpielowy

największym błędem jest
łączenie kolorów ciepłych z zimnymi
np. ciepłej pomarańczowej szminki
z zimnym różem na paznokciach
ciepłej makowej czerwieni
z zimną wiśnią
miedzianej pomadki
z cyklamenowym lakierem

they said to women in Auschwitz
du vollgestopfter Strumpf
du alte Hexe alte Kanone
alte Hut alte Fetzen alte Krippe
alte Gazette
du Scheißladen Scheißkübel
alte Waschkommode alte Ziege
alte Zitrone
Krematoriumsfigur

welcher Mann hat Lust
mich auf meinem weiblichen
Planeten kennenzulernen?

starke, sinnlich-erotische Schöne
akad. blond
liebst auch Du Theater
Musik Literatur Tanzen Ski
Tennis Sauna Reisen Wandern [5]

Lady seeks gentleman
Lady seeks lady

Gentleman seeks lady
Gentleman seeks gentleman

join us
for a good time

on her head
recently shaved for the movie
she sports a smart crew cut
and her amazing body is strapped
in a pink bikini and wrapped
in a big bath towel

the greatest mistake is
mixing warm and cold colours
e.g. warm orange lips
with cold pink nails
warm poppy red
with cold cherry
copper lipstick
with cyclamen varnish

II

Złoto

Aurea prima sata est aetas (...)

złoty był wiek pierwszy
mijały wieki
nastał wiek XX

mija wiek XX
ma się pod koniec
chrześcijańskiemu światu
dziwne znaki
pojawiły się na niebie i na ziemi

dziwne znaki pojawiły się
na sztabach złota
w sejfach Riksbanku
centralnego banku Szwecji
złoto zaczęło płakać
krwawymi łzami
by ukryć ten fakt
Riksbank prosił
centralny bank szwajcarski
o usuwanie ze sztab złota
niemieckich znaków
identyfikacyjnych
i zastępowanie ich
pieczęciami szwedzkimi

złoto zaczęło mówić
w Banku Rezerw Federalnych
w Banku Anglii w Londynie
w Nowym Jorku
Paryżu w Banque de France
w Madrycie
i Lizbonie
złote milczenie zaległo
w stolicach Europy i obu Ameryk
potem zaczęło się topić
przemówiły

II

Gold

Aurea prima sata est aetas ...

gold was the first age
ages passed
the XX century came .

the XX century passes
the christian world
nears its end
strange signs
have appeared in the sky and on earth

strange signs have appeared
on gold bullion
in the vaults of the Riksbank
the central bank of Sweden
the gold began to weep
tears of blood
to hide this fact
the Riksbank requested
the central bank of Switzerland
to remove german
identification marks
from gold bullion
and replace them
with the stamp of Sweden

gold began to speak
in the Federal Reserve Bank
in the Bank of England in London
in New York
in Paris in the Banque de France
in Madrid
and Lisbon
a golden silence fell
on the capitals of Europe and both Americas
then it began to melt
gold bricks gold bullion

złote cegły złote sztaby
złote sztabki
złote monety
złoto „wyprane" w Europie i Ameryce
pokrywa się plamami
krwawi
kasy pancerne
są zamknięte jak komory gazowe
ale słychać zgrzytanie zębów
stłumione krzyki
z sejfów wydobywa się
duszny zapach padliny
sączy się trupi jad
krew
złoto „wyprane" w Szwajcarii
rozkłada się i gnije
w aseptycznej Szwecji

zawiera w sobie złote zęby
złote koronki złote pierścienie
z diamentowymi oczami
oprawki do okularów włosy
wieczne pióra oddechy
banki odkrywają
swoje tajemne łona
banki świątynie złotego cielca
monumentalne goldszajsery
wydalają
nieczystości

w klepsydrach
przesypuje się złoty piasek

Rzecznik prasowy
Stolicy Apostolskiej
Joaquin Navarro-Valls
nie potwierdził podanych
przez amerykańską sieć
telewizyjną A-and-E
informacji

gold bars
gold coins
spoke
gold laundered in Europe and America
erupts in stains
bleeds
armoured vaults
are sealed like gas chambers
but you can hear grinding teeth
muffled cries
a dank carrion stench
escapes from safes
oozing ptomaine
blood
gold laundered in Switzerland
decomposes and rots
in antiseptic Sweden

it contains gold teeth
gold caps gold rings
with diamond eyes
spectacle frames hair
fountain pens breaths
banks unveil
their bosom secrets
banks temples of the golden calf
monumental *goldscheißers*[6]
excrete
impurities

in an hour glass
gold sand flows

Joaquin Navarro-Valls
press spokesman
for the Holy See
would not confirm
reports
broadcast on the American
T.V. network A & E

o przechowywaniu przez Watykan
200 milionów franków szwajcarskich
głównie w złotych monetach
zrabowanych przez faszystów
chorwackich w czasie drugiej
wojny światowej
faszyści chorwaccy - którzy
mordowali „masowo"
Serbów Żydów i Cyganów
pod koniec wojny wywieźli
z Jugosławii około 350 milionów
franków szwajcarskich
Brytyjczycy zdołali przechwycić
około 150 milionów franków
szwajcarskich zaś reszta
trafita do Watykanu skąd
następnie jak sugerowały
pogłoski została przetransferowana
do Hiszpanii i Argentyny

long poems
„Newsweek": *Nazi-Gold*
auch in Portugal
das lange Gedicht
do sporu wokół pieniędzy
ofiar Holocaustu
włączył się Izrael
nie po raz pierwszy
żydowskie organizacje straszą
szwajcarskie banki
a może
Holocaustu nie było

coraz częściej czyta się o tym
w postnazistowskich niemieckich gazetach
w gazetach amerykańskich
w polskojęzycznych gazetach „narodowych"
czyta się przedruki z obcojęzycznych
gazet że Holocaustu nie było

coraz częściej czyta się na murach
naszych miast napisy po polsku

that the Vatican secreted
200 million swiss francs
principally gold coins
looted by croatian
fascists during the second
world war
croatian fascists who
mass murdered
Serbs Jews and Gypsies
carried 350 million swiss francs
out of Yugoslavia
before the end of the war
the British managed to intercept
about 150 million swiss
francs the rest
reached the Vatican whence
rumours suggested
it was transferred
to Spain and Argentina

long poems
Newsweek: *Nazi-Gold*
auch in Portugal
das lange Gedicht [7]
Israel joined in
the dispute over the possessions
of Holocaust victims
this is not the first time
jewish organisations have challenged
the swiss banks
or perhaps
the Holocaust never happened

you can read more and more often
in postnazi german papers
in american papers
you can read reprints from foreign
papers in polish-language "national"
papers saying the Holocaust never happened

you can read more and more on the walls
of our town slogans in polish

„żydzi do gazu" i po niemiecku *„Juden raus"*
to lekkomyślni młodzieńcy
to źle wychowani chłopcy dzieci
rysują gwiazdę dawida
powieszoną na szubienicy

das Lange Gedicht
mój przyjaciel Kazimierz Wyka
pisał ku pamięci potomnych
w czasie hitlerowskiej okupacji
„Formy, jakimi Niemcy likwidowali żydów,
spadają na ich sumienie.
Reakcja na te formy
spada jednak na nasze sumienie.
Złoty ząb wydarty trupowi
zawsze będzie krwawił,
choćby już nikt nie pamiętał
jego pochodzenia (...)"

sztaby złota rozmiękły
wiersz się wydłuża rozpada
Schlimmer Verdacht
die Schweiz hat möglicherweise
unmittelbar nach dem 2. Weltkrieg
wissentlich Goldmünzen
aus Gold von Zahnfüllungen
von Holocaust Opfern geprägt (...)
so der britische TV-Sender BBC

ale Holocaustu przecież nie było

mój przyjaciel
profesor Kazimierz Wyka
musiał usłyszeć w Generalnej Gubernii
takie żartobliwe powiedzonko
„Hitlerek złoty nauczył żydów roboty"
Kazimierz Wyka jeden ze sprawiedliwych
napisał książkę *Gospodarka wyłączona. Życie na niby*
nie wiem czy ta książka
należy do obowiązkowych lektur
w polskich szkołach
nie wiem jak długo trzeba czekać
aż panowie (i panie) z Ministerstwa Edukacji

"gas the jews" and in german "*Juden raus*" [8]
just thoughtless youths
just naughty boys children
drawing the star of david
hanging from gibbets

das lange Gedicht [9]
my friend Kazimierz Wyka [10]
made a note for posterity
during the Hitler occupation
"The Germans' methods for liquidating the Jews
must fall on their conscience.
The reaction to those methods nevertheless
must fall on our conscience.
A gold tooth torn from a corpse
bleeds forever,
even if no-one remembers
where it came from (...)"

gold bullion softens
the poem lengthens falls apart
Schlimmer Verdacht
die Schweiz hat möglicherweise
unmittelbar nach dem 2. Weltkrieg
wissentlich Goldmünzen
aus Gold von Zahnfüllungen
von Holocaust Opfern geprägt (...)
so der britische TV-Sender BBC [11]

but the Holocaust never happened

my friend
professor Kazimierz Wyka
must have heard this joke
under the *General Gouvernement* [12]
"Hitler is the gold boy who's made workers out of jews"
Kazimierz Wyka one of the righteous
wrote a book called *The Economy of Exclusion: Make-Believe Life* [13]
I don't know if this book
is compulsory reading
in polish schools
I don't know how long we'll have to wait
before the gentlemen (and ladies) of the Ministry of National

Narodowej
wciągną ten tytuł na listę
lektur obowiązkowych
(a może nie czytali tej książki
nie słyszeli o niej)
Kazimierz Wyka nie sadził drzewek w Ziemi Świętej
sztabki i sztaby złota
szczerzą zęby czaszki milczą
oczodoły mówią

dyrektor ŚKŻ Elan Steinberg
utrzymuje że wśród sztab złota
monetarnego znajdują się sztaby
przetopione z biżuterii monet
a nawet złotych zębów ofiar Holocaustu
nie przedstawiono jednak na to
konkretnych dowodów
zresztą być może zaszła omyłka
spadkobierca sadowniczej rodziny
Bertramów spod Wyszkowa twierdził
że jego dziadek miał znaczne depozyty
w bankach szwajcarskich
ale Holocaustu może nie było
zaraz po wojnie
pojawili się u nas poszukiwacze złota
„uzbrojeni" w łopaty kilofy
miski sita
szukali złotych żył
złotego piasku
złotych zębów
w złotodajnych Oświęcimiach
Majdankach Treblinkach
szukali w popiołach
we wnętrznościach naszej
wspólnej matki ziemi
szukali złota złota złota

ale Holocaustu przecież nie było

wymyślili go żydowscy
lichwiarze bankierzy i komuniści
przyłączyli się do nich cyganie

Education
add this title to the list
of set texts
(perhaps they haven't read the book
never heard of it)
Kazimierz Wyka never planted a tree in the Holy Land
ingots and bullion
bare their teeth skulls are silent
eye-sockets speak

executive director of the WJC Elan Steinberg
claims the monetary bullion
contains gold
melted down from jewellery coins
and even Holocaust victims' gold teeth
but no concrete evidence
has emerged
anyway it could have been a mistake
a survivor of the Bertram family
orchard owners in Wyszków
claims his grandfather had substantial deposits
in Swiss banks
but perhaps the Holocaust never happened
right after the war
gold prospectors appeared
armed with spades pickaxes
bowls sieves
searching for gold mines
gold sand
gold teeth
in gold-bearing Auschwitzes
Majdaneks Treblinkas
searching in the ashes
in the guts of our
common mother earth
searching for gold gold gold

but the Holocaust never happened

it was dreamed up by jewish
usurers bankers and communists
in league with the gypsies

Madonny płaczą krwawymi łzami
tylko Madonna cygańska nie płacze
złote jest milczenie świata
w Ziemi Świętej sprawiedliwi
sadzą drzewka zieleni się
Święty Gaj młody las
drzewa rosną do światła
święty las poruszył się
idzie na spotkanie
z młodzieżą świata
narody skrzętnie przeliczają
swoich zabitych zamordowanych
zagazowanych okaleczonych
żywcem pogrzebanych powieszonych
dodają odejmują
mnożą dzielą ważą
ale Holocaustu przecież nie było

nikt już nie pamięta
ile waży jedna łza ludzka
cena łez spada na giełdzie
na rynkach panuje panika
złoto idzie w górę złoto spada
kto mówi o łzie dziecka
a to ten Dostojewski

filozof Heidegger
pisząc o współczesnej zmechanizowanej
produkcji rolnej
mimochodem wspomniał
o produkcji zwłok
w obozach koncentracyjnych
i komorach gazowych

odbywa się liczenie
żydów cyganów niemców
ukraińców polaków rosjan
czasem rachunek się nie zgadza
popioły wymieszane z ziemią
zaczynają powstawać przeciw sobie
za sprawą żywych
dzielą się i biją

Madonnas weep tears of blood
only the gypsy Madonna does not weep
gold is the world's silence
in the Holy Land the righteous
plant trees it turns green
the Avenue of the Righteous a young wood
trees growing to the light
the holy wood moves
advancing to meet
the youth of the world
nations dilligently count
their killed murdered
gassed maimed
buried alive hanged
they add subtract
multiply divide weigh
but the Holocaust never happened

now nobody can recall
the weight of a human tear
the price of tears is falling on the stock exchange
panic in the market
gold's going up gold's falling
who's that talking about a child's tear
ah him Dostoyevsky

philosopher Heidegger
writing about modern mechanised
farming methods
mentioned in passing
the production of corpses
in concentration camps
and gas chambers

the count proceeds
jews gypsies germans
ukrainians poles russians
sometimes it doesn't tally
ashes mixed with earth
start to rise up against each other
thanks to the living
they separate and fight

porcelanowe Madonny płaczą
krwawymi łzami
żydowskie arabskie algierskie
matki bez głów
idą przed siebie krzycząc
cygańska Madonna Tycjana
nie płacze nie mówi do mnie
piękna łaski pełna

żywy las sprawiedliwych
podchodzi
pod świątynie złotego cielca
pod banki i kamienieje

z sejfów i skrytek
z pancernych kas
sączy się trupi jad
czyste jak łza złoto
zamienia się w padlinę
szczerzy zęby
i znów zaczyna się liczenie

long poems
w sejfach Riksbanku Szwecji
nadal znajduje się
około siedem ton złota zrabowanego
przez hitlerowskie Niemcy
którym Trzecia Rzesza zapłaciła
Szwecji za dostawy rudy żelaza
łożyska kulkowe
i inne materiały strategiczne
ale Holocaustu przecież nie było
przedstawiciele Riksbanku oświadczają
że „brudnego" złota w Szwecji
dawno już nie ma
w roku 1946 zwrócono 7 ton
złota Belgii
a w 1954 roku 6 ton Holandii
w II wojnie światowej Szwecja
była neutralna
a Holocaustu raczej nie było

porcelain Madonnas weep
tears of blood
jewish arab algerian
headless mothers
walk on shouting
Titian's Gypsy Madonna
doesn't weep doesn't speak to me
beautiful full of grace

the living wood of the righteous
advances
to the temples of the golden calf
to the banks and petrifies

from strongboxes safes
and armoured vaults
ptomaine is oozing
gold clean as a tear
turns to carrion
teeth bared
and the count begins again

long poems
the safes of Sweden's Riksbank
still hold approximately
seven tonnes of gold looted
by Hitler's Germany
with which the Third Reich paid
Sweden for iron ore
ball bearings
and other strategic materials
but the Holocaust never happened
the Riksbank's representatives state that
Sweden's "dirty" gold has
long since gone
in 1946   7 tonnes of gold
returned to Belgium
and in 1954   6 tonnes went to Holland
during world war II Sweden
was neutral
and it seems the Holocaust never happened

złote było milczenie świata

das lange Gedicht

PS

jaki to długi wiersz! i tak się
dłuży dłuży czy to „mistrza" nie nudzi
czy nie można tego zmieścić
w japońskim haiku? Nie można.

III

Mięso

Prof. dr. Witoldowi Zatońskiemu
z przyjaźnią...

Szalona wołowina
choroba szalonych krów
Szaleństwo z kością
nowa afera wokół wołowiny
Gefahr auf dem Teller
Die Abkehr von Steak und Braten
Szalone krowy w Hongkongu
Pomór świń w kraju tulipanów

BSE
„*bovine spongiforme Enzephalopathie*"
po dwugodzinnym posiedzeniu
przy Downing Street
z udziałem premiera J. Majora
Londyn zawiesza plan uboju
angielski minister odpowiedzialny za coś tam
poleca – tuż przed wyborami –
pieczeń wołową hamburgery i stek
w TV i gazetach pełno zdjęć ministra
który wraz z całą rodziną
spożywa angielską wołowinę
wszyscy śmieją się i mają zdrowy wygląd

gold was the world's silence

das lange Gedicht [14]

PS

what a long poem! it
drags and drags master don't you get bored
can't it all fit into
a haiku? It can't.

III

Meat

> For Professor Witold Zatoński,
> *in friendship...*

Mad beef
mad cow disease
Madness on the bone
new beef scandal
Gefahr auf dem Teller
Die Abkehr von Steak und Braten [15]
Mad cows in Hong Kong
Swine fever in tulip country

BSE
"bovine spongiforme Enzephalopathie" [16]
after a two hour session
in Downing Street
in the presence of Prime Minister J. Major
London suspends its slaughter programme
the english minister for something or other
recommends – just before the election –
the roastbeef hamburgers and steak
TV and the papers are full of pictures of the minister
consuming english beef
with his whole family
everyone laughs and looks healthy

wszystkie szczęśliwe rodziny są do siebie podobne
zauważył kiedyś Lew Tołstoj
i przestał jeść mięso

W Paryżu wyrażono ubolewanie
z powodu jednostronnej decyzji Londynu

Rząd premiera Blaira zamierza
zakazać sprzedaży wołowego z kością
z handlu mają zostać wkrótce
wycofane żeberka i kotlety z kością
„czy oznacza to, że nie mamy jeść
wołowiny w ogóle?" pytają
zrozpaczeni konsumenci

w Walii trwają gwałtowne protesty
przeciw zalewowi taniej
uchodzącej za bezpieczną
wołowiny irlandzkiej
na irlandzkie TIR-y napadli angielscy farmerzy
i wrzucili do morza kilka ton
wołowego

raport sugeruje
że obecne w systemie nerwowym
nośniki choroby szalonych krów
PRIONY
wywołują u ludzi chorobę
Creutzfeldta-Jakoba
występują także we włóknach nerwów
przy krowich kościach

W Paryżu wyrażono ubolewanie

natomiast w Wielkiej Brytanii
za siedem lat dojdzie do szczytu
epdemia BSE i CJS
najbardziej narażeni są konsumenci
wołowiny z końca lat osiemdziesiątych
którzy zajadali się
hamburgerami
produkowanymi częściowo z mózgów
rdzenia i innych części

all happy families are alike
Leo Tolstoy one day noticed
and gave up meat

Paris expressed regret
at the unilateral decision by London

The Blair government's going
to ban beef on the bone
soon ribs and bony chops
will be taken off the shelves
"does it mean we should stop eating
beef altogether?" ask
desperate consumers

in Wales there are violent protests
against cheap irish beef
allegedly safe
flooding the market
english farmers have attacked irish lorries
and dumped several tonnes of beef
in the sea

a report suggests
the mad cow disease carriers
in the nervous system
PRIONS
cause Creutzfeldt-Jakob's disease
in people
they are also present in nerve fibres
around cows' bones

Paris expressed regret

while in Great Britain
the BSE and CJD epidemics
will peak in seven years
most at risk are the beef eaters
who stuffed themselves in the late eighties
with hamburgers
partly produced from brains
bone marrow and other bits

układu nerwowego krów

między rokiem 1986
– kiedy wykryto tę chorobę –
a rokiem 1989 brytyjscy konsumenci
spożyli mięso z około 446 tysięcy
zakażonych zwierząt
angielski minister śmieje się
niemiecki minister nie wie
jeść wołowinę czy nie jeść
duński minister rolnictwa
Henrik Dam Kristensen
przypomniał że Unia Europejska
zawarła jasną umowę
w sprawie planu uboju
minister Kirstensen przestrzegł rząd
w Londynie by nie wykorzystywał
sprawy chorych krów
do celów wyborczych

szef dyplomancji niemieckiej Klaus Kinkel
uznał decyzję za „nie-do-przyjęcia"
„Sytuacja jest bardzo poważna"
powiedział rosyjski wicepremier
i minister rolnictwa Wiktor Chłystun
Rząd rosyjski poinformował
że 730 ton wołowiny brytyjskiej
objętej całkowitym zakazem eksportu
zostało wyeksportowane do Rosji
tranzytem przez Belgię

Komisja Europejska opublikowała
sprawozdanie inspekcji
która ujawniła nielegalny eksport
do Hiszpanii Francji i Holandii
1600 ton brytyjskiej wołowiny

w Paryżu wyrażono ubolewanie
z powodu jednostronnej decyzji Londynu

Bauernverbandpräsident
rief die Bevölkerung auf
mit einem „Extra-Rouladentag

of cows' nervous systems

between 1986
– when the disease was discovered –
and 1989 the british public
consumed the meat of approximately 446 thousand
infected animals
the english minister laughs
the german minister can't decide
to eat or not to eat beef
the danish agriculture minister
Henrik Dam Kirstensen
recalled that the European Union
signed a clear agreement
concerning the slaughter programme
minister Kirstensen warned the London
government not to exploit
the diseased cow question
in the election

the head of the german diplomatic service Klaus Kinkel
found the decision "un-accept-able"
"The situation is very serious"
said russian deputy premier
and agriculture minister Victor Chlystun
The russian government announced
that 730 tonnes of british beef
covered by the total export ban
were exported to Russia
via Belgium

the European Commission has published
an inspection report
revealing the illegal export
to Spain France and Holland
of 1600 tonnes of british beef

Paris expressed regret
at the unilateral decision by London

Bauernverbandpräsident
rief die Bevölkerung auf
mit einen "Extra-Rouladentag" [17]

für gesunde Nahrung
aus Schleswig-Holstein"
zu demonstrieren
krowy śmieją się jak szalone

firma produkująca gotowe pokarmy
dla zwierząt domowych Kici Kici
zapewnia swoich klientów że nigdy
nie użyła do swej produkcji
odpadów zwierzęcych z Wielkiej Brytanii
a jednak zarazek z wołowiny
przenosi się na inne żywe istoty
na jednej z farm zwariowały norki
w Anglii zdechła puma
kilka antylop i 48 kotów
kolorowa prasa donosi
wściekła się pewna księżniczka na dworze
a jedna krowa w oborze
zaczęła śpiewać:
na łące pełnej traw i ziół
im Landkreis Hannover
zwariował nagle piękny wół
w mózgu miał gąbkę pełną dziur

księżniczka długo się wśieckała
aż wreszcie książkę napisała
krówka machnęła raz ogonem
oddała ducha razem z prionem

Londyn nie poczuwa się do winy
Książę Karol zastanawiał się
na spotkaniu z ekologami czy BSE
nie będzie kiedyś traktowana
jako zemsta przyrody
za naruszenie jej praw
wezwał do hodowli naturalnej

władze Unii Europejskiej wykluczyły
uchylenie światowego zakazu
eksportu brytyjskiej wołowiny i zwierząt

Pałac Elizejski zajął stanowisko wyczekujące

für gesunde Nahrung
aus Schleswig-Holstein"
zu demonstrieren [18]
the cows laugh like mad

the company making
Kitty-Kitty pet food
reassures its clients that it has never
used animal offal from Great Britain
in its products
and yet the beef germ
spreads to other creatures
on one farm minks went mad
in England a puma
several antelopes and 48 cats dropped dead
the tabloids report
some princess went crazy at court
and a cow in a shed
started singing:
in a meadow of clover
im *Landkreis Hannover* [19]
a beautiful bull went insane
with a sponge full of holes for a brain

the princess raved and shouted
and wrote a book about it
the cow waved her tail before dying
and her soul ran away with a prion

London won't take the blame
Prince Charles wondered
at a meeting with ecologists whether BSE
wouldn't one day be regarded
as nature's revenge
for breaking its laws
he called for organic farming

European Union authorities have ruled out
lifting the global ban
on the export of british beef and livestock

the Elysée Palace is considering its position

Robert Will ze szkockiego Edynburga
specjalista od CJS
nie stwierdził u Brytyjczyków
jednoznacznego przyrostu
liczby zniszczonych i podziurawionych
mózgów
natomiast w Hongkongu
zmarło wczoraj 7 osób
mogących cierpieć
na chorobę Creutzfeldta-Jakoba

na skutek szykan Wspólnego rynku
wobec szwajcarskiego mięsa
Szwajcaria musiała zlikwidować
240 tysięcy sztuk bydła
i przerobić na mączkę
(co się stało z ową mączką?!)
zakażona karma dla bydła
z mączki kostnej i mięsa padłych krów
wywołała epidemię
u owiec zwariował także pies
owczarek w Szkocji
mączka kostna z zarażonych
śmiertelną chorobą BSE krów
została z rynku usunięta

„mówiąc między nami ludziami"
świnie i krowy czekające na rzeź
nie powinny widzieć jak zabija się
przed nimi inne osobniki
bo krowa zaczyna się bać
wydziela z mięśni i wątroby glikogen
a jej mięso będzie twarde i ciemne
a co gorsza może smakować jak mydło
to samo dzieje się ze świnią
a wieprzowina wystraszonej świni
stanie się biała wodnista bez smaku

Komisja Europejska trzyma się
planu likwidacji 147 tysięcy „sztuk"

Robert Will from Edinburgh Scotland
a CJD expert
found no conclusive
evidence of an increase
in the number of destroyed or holed
British brains
while in Hong Kong
yesterday 7 people died
possibly victims
of Creutzfeldt-Jakob disease

as a result of Common Market pressure
on swiss meat
Switzerland was forced to liquidate
240 thousand cattle
and turn them into meal
(what happened to that meal?!)
infected cattle-feed
made from the bonemeal and meat of the dead cows
caused an epidemic in sheep
even a dog went mad
a sheepdog in Scotland
bonemeal from cows infected
with fatal BSE
was taken off the market

"just between us man to man"
pigs and cows queuing up for slaughter
shouldn't see their kind
killed before them
because a cow gets scared
glicogen is released into the muscles and liver
and her meat becomes tough and dark
worse it can taste like soap
it's the same with pigs
pork from a frightened pig
will be white watery tasteless

the European Commission stands by
its plan to liquidate 147 thousand "head"

starszych niż 30 miesięcy
ustalono to we Florencji
na szczycie Unii Europejskiej

Paryż wyraził zaniepokojenie
natomiast komisarz rolny
Franz Fischler stwierdził w Strasburgu że

nicht auszuschließen sind BSE –
– Erreger auch bei Rinderbouillon
auch Wurstwaren können
mit BSE-Erregern belastet sein
vor allem wenn Rinderhirn
verarbeitet wurde

w Paryżu wyrażono ubolewanie

natomiast dobra wiadomość
dla alkoholików przyszła z Londynu
Dr Hugh Rushton
czołowy brytyjski specjalista
w walce z łysieniem powiedział
że jednym z najskuteczniejszych
sposobów na zachowanie bujnej czupryny
jest picie dużych ilości alkoholu
stwierdzono że łysi są dobrymi kochankami
integracja wymaga kwarantanny
dla krów owiec świń psów kotów
wiewiórek nosorożców ministrów
komisarzy dyrektorów generalnych
tulipanów szympansów papug
also Vorsicht vor Importware!
Mamusiu a nasa zelaztyna
żelatyna i nie nasza
tylko ich

zabitych zarażonych owieczek
nie wrzucono do ognia piekielnego
przerobiono je na nowy produkt
znakomitą mączkę dla bydła rzeźnego

W Polsce nie zapowiada się
by konsumpcja wzrosła

over 30 months old
as agreed in Florence
at the European Union summit

Paris expressed anxiety
while agriculture commissioner
Franz Fischler stated in Strasbourg that

nicht auszuschließen sind BSE –
– Erreger auch bei Rinderbouillon
auch Wurstwaren können
mit BSE-Erregern belastet sein
vor allem wenn Rinderhirn
verarbeitet wurde [20]

Paris expressed regret

however there's good news
from London for alcoholics
Dr Hugh Rushton
leading british expert
in the fight against baldness said
one of the best
ways to maintain a bushy head of hair
is to drink large quantities of alcohol
it's been proved bald men are good lovers
integration requires quarantine
for cows sheep pigs dogs cats
squirrels rhinoceroses ministers
commissioners director-generals
tulips chimpanzees parrots
also Vorsicht vor Importware! [21]
Mummy is it our jellybean
it's gelatine and it's not ours
only theirs

the killed infected lambkins
weren't hurled into the fires of hell
but turned into a new product
a top quality meal for beef cattle

There is no indication that consumption
will increase in Poland

przeciętny Polak zje w roku 2000
8 kg wołowiny mądry Polak!
a mieszkaniec „Piętnastki"
zjada średnio 20,5 kg wołowiny rocznie
Śpiew zdrowej polskiej krowy:
niech na całym świecie wojna
byle nasza wieś spokojna
byle nasza wieś wesoła
raz dokoła raz dokoła

Pałac Elizejski wyraził umiarkowane
zdziwienie

Felix Austria
znaczenie wołowiny
(für Österr. Küche)
jest wręcz strategiczne *(sic)*
Felix Austria tam mięso wołowe
jest nie tylko zdrowe
(oczywiście z krajowej hodowli)
w okolicy krowiego ogona
nie uświadczysz priona
Rinde hoch in Kurs

offensichtlich sind die Auslöser
des Hirnverfalls PRIONEN
das sind degenerierte Proteine,
Eiweißmoleküle, deren gesunde Form
in Lebewesen allgegenwärtig
ist

w Paryżu wyrażono ubolewanie

Świnie są mądre wiedzą co je czeka
Inspektorzy-Kontrolerzy Unii Europejskiej
kontrolują polskie mleczarnie i rzeźnie
Anglik i Holender
poszli na śniadanie
zjedli ozory w galarecie
„*no comment*" powiedzieli
O godzinie 18.30 – inspektorzy
zjedli pastrami

58

in the year 2000 the average Pole will eat
8 kilos of beef clever Pole!
while a resident of the "Fifteen member states"
eats on average 20.5 kilos of beef per year
The song of the healthy Polish cow:
let the world go to pillage
just give peace to our village
our village must be jolly
so sing heigh-ho the holly

The Elysée Palace expressed mild
surprise

Felix Austria
beef's significance
(für Österr. Küche) [22]
is absolutely strategic (*sic*)
Felix Austria beef in that country
is not merely healthy
(from home farming of course)
no prion shall pass
through this cow's arse
Rind hoch im Kurs

offensichtlich sind die Auslöser
des hirnverfalls PRIONEN
das sind degenerierte Proteine,
Eiweißmoleküle, deren gesunde Form
in Lebewesen allgegenwärtig
ist [23]

Paris has expressed regret

Pigs are clever they know what's in store for them
European Union Inspector-Controllers
are inspecting polish dairies and slaughterhouses
an Englishman and a Dutchman
had breakfast
ate jellied tongue
and said "*no comment*"
At 18:30 – the inspectors
had pastrami

59

(szynkę wołową na ostro)
karczek pieczony i schab ze śliwkami

Kontrolerzy z Unii Europejskiej
zauważyli też dziurę w dachu i karalucha
potem opuścili Zakłady Mięsne
„no comment" powiedzieli do dziennikarzy

pomór świń w kraju tulipanów

w Holandii liczba ognisk choroby
wzrosła do 133 i rząd tego kraju
zwrócił się do Komisji Europejskiej
o pomoc w uboju 5 milionów sztuk zwierząt
podobnie jest w Hiszpanii gdzie
zanotowano już 20 ognisk pomoru
wybito 10 tysięcy sztuk świń
kolejnych 132 tysięcy tuczników
i 60 tysięcy prosiąt czeka to w najbliższym czasie
Pomór to zaraźliwa wirusowa choroba świń
kwietniowy spis GUS wykazał
że mamy w Polsce ponad 17,9 milionów sztuk świń
czyli o 9% mniej niż w tym samym
czasie roku 1996...

w Paryżu wyrażono ubolewanie

w hrabstwie Kent na jednej z farm
krowy zareagowały na dojenie
trwogą i drżeniem
zaczęły wirować i klękać
podobne wypadki zdarzają się w wielu oborach
krowy zaczynają tańczyć turlać się ze śmiechu
histeryczą padają bawią się w ciuciu-babkę
istnieje podejrzenie że zarazki
są przenoszone przez ciężarne
krowy-matki na nie narodzone
dzieci-cielęta
angielski minister śmieje się
jak głupi do sera
francuski minister rolnictwa
Philippe Vasseur ostrzegł wczoraj

(spiced beef)
roast neck and a pork joint with prunes

The European Union Controllers
also noted a hole in the roof and a cockroach
afterwards they left the Meat Processing plant
and told journalists "*no comment*"

swine fever in tulip country

in Holland the epicentres of the disease
increased in number to 133 so the government
turned to the European Commission
to help it slaughter 5 million head of swine
similarly in Spain
20 sources of swine fever were identified
10 thousand pigs were put down
another 132 thousand porkers
and 60 thousand piglets are in for it soon
swine fever is a contagious viral pig disease
the April census of the Polish Statistical Office showed
we have more than 17.9 million pigs in Poland
this is 9% less than at the same
time in 1996...

Paris has expressed regret

during milking at a farm in Kent
cows suddenly
cowered in terror
began spinning and fell on their knees
similar things are happening in barns everywhere
cows dance and roll over laughing
go crazy tumble play blindman's buff
there's a theory the germs are carried by pregnant
cow-mums and passed on to unborn
calf-kids
the english minister laughs
smiles cheesily
the french agriculture minister
Philippe Vasseur warned yesterday

– „jeśli w takich krajach, jak Francja,
Włochy, Hiszpania czy Niemcy
naukowcy nie będą łamać zasad etyki,
to i tak gdzieś na świecie ktoś może
wyhodować ośmionożną owcę
albo sześcionogiego kurczaka"

Rosie wygląda na normalną krowę
ale Rosie z Glasgow nie jest normalną krową
Rosie jest pierwszą krową
która daje ludzkie mleko (raczej kobiece)
Naukowcy wstrzyknęli jej ludzkie geny
„darum enthält Rosies Milch
jetzt das Protein „Alpha-Lactalbumin"
ein Eiweiß das sonst nur in
Muttermilch vorkommt
krowy w Telewizji śmieją się
owieczka Polly sklonowana
z dodatkiem ludzkiego genu
to nowe osiągnięcie brytyjskich uczonych
którzy niedawno sklonowali Dolly
celem tego eksperymentu było
wyhodowanie owcy która
mogłaby dawać mleko wzbogacone
o ludzkie proteiny

Hello Polly! Hello Dolly!

Ärzte warren zudem vor
Frischzellenkuren für die
Injektionen häufig aus Drüsen
von Schafen gewonnen werden
wymóżdżano embriony i noworodki
robiono maseczki na mordy
milionerów kurew i gangsterów

zarazek jest nieobliczalny

Kozy i myszy karmione w laboratoriach
mączkami z mózgów zarażonych krów i owiec
zachorowały na BSE
Daniel Gajdusek otrzymał w roku 1976

"if in countries like France,
Italy, Spain or Germany
scientists refrain from violating ethics,
then somewhere in the world somebody else may still
breed an eight-legged sheep
or a six-legged hen"

Rosie looks like a normal cow
but Rosie from Glasgow isn't a normal cow
Rosie is the first cow
to give human (or rather mother's) milk
Scientists injected her with human genes
darum enthält Rosies Milch
jetzt das Protein "Alpha-Lactalbumin".
ein Eisweiß das sonst nur in
Muttermilch vorkommt [24]
the cows on TV are laughing
Polly a lamb cloned
through the addition of a human gene
is the latest achievement by the british scientists
who recently cloned Dolly
the aim of this experiment was
to breed a sheep
that could give milk enriched
with human proteins

Hello Polly! Hello Dolly!

Ärzten warnen zudem vor
Frischzellenkuren für die
Injektionen häufig aus Drüsen
von Schafen gewonnen werden [25]
they scraped the brains of embryos and stillborn babies
to make facials for the gobs of
millionaires whores and gangsters

the germ is unpredictable

Goats and mice fed in the laboratory
on brain-meal made from infected cows and sheep
contracted BSE
Daniel Gajdusek received the Nobel Prize

Nagrodę Nobla za odkrycie w tej dziedzinie
Viele Menschen tragen den Erreger
bereits in sich
ale Anglicy eksportują dalej do Europy
Die Abdeckereien
im Vereinigten Königreich
kommen mit dem Abfackeln
der Leichenberge kaum noch nach
Creutzfeldt-Jakob-Syndrom
może się przenosić z rodziców na dzieci
Eine andere Form von CJS
heißt „Kuru" – der Lachende Tod.
Denn viele ihrer Opfer verfallen
im Endstadium in ein irres Grinsen

Wielka Brytania bawi się z Unią Europejską
w *„blinde Kuh"* czyli w ciuciu-babkę

Szalone krowy przeżuwają
w wielu krajach Europy
w Stanach Zjednoczonych Kanadzie
Argentynie Izraelu w Omanie
a także na Wyspach Falklandzkich

PS

Recycling składa się z trzech części: I Moda, II Złoto, III Mięso. O
ile Złoto ma jeszcze strukturę długiego „wiersza", to Moda i Mięso
są gatunkiem poezji „wirtualnej". Część III Mięso ma formę
śmietnika (informacyjnego śmietnika), w którym nie ma centrum,
nie ma środka. Zaplanowana jałowość i bezwyjściowość stała się
głównym elementem składowym utworu... Obłęd człowieka CJS
bierze się z obłąkanego mózgu zwierzęcia. BSE zwraca się
przeciwko człowiekowi. Przestępcza nie-moralność nauki miesza
się z polityką, ekonomią i giełdą. Krąg się zamyka... Ani
„sumienie", ani zdrowy rozum nie dają żadnej gwarancji, że ludzie
nie będą fabrykować taśmowo ciał ludzkich i form zwierzęcych
pozbawionych tzw. duszy. Wszystko mieści się w ludzkim mózgu:
priony i kwanty, bogowie i demony... Pytanie filozofów i „zwykłych
ludzi" – *unde malum?*, skąd bierze się zło? – znajduje odpowiedź
może bardzo pesymistyczną i dla człowieka nieprzyjemną.

in 1976 for his discovery in this field
Viele Menschen tragen den Erreger
bereits in sich [26]
but the English carry on exporting to Europe
Die Abdeckereien
in Vereinigten Königreich
kommen mit dem Abfackeln
der Leichenberge kaum noch nach
Creutzfeldt-Jakob-Syndrom [27]
parents can pass it to children
Eine andere Form von CJS
heißt "Kuru" – der Lachende Tod.
Denn viele ihrer Opfer verfallen
im Endstadium in ein irres Grinsen [28]

Great Britain plays *"blinde Kuh"* [29]
or blindman's buff with the European Union

Mad cows ruminate
in many European lands
in the United States Canada
Argentina Israel in Oman
and also the Falkland Islands [30]

PS

Recycling is in three parts: I Fashion, II Gold, III Meat. If Gold still takes the form of a long poem, Fashion and Meat belong in a genre of virtual poetry. Formally, part III Meat is a rubbish dump (information dump) with no centre, no core. The deliberate sterility and the lack of an exit point became the work's main building blocks... The madness of a man with CJD comes from an animal's sick brain. BSE turns against man. The criminal non-morality of science mingles with politics, the economy and the stock exchange. The circle closes... Neither conscience nor sanity is the guarantee that we shan't mass-produce human bodies and animal forms, stripped of what we call the soul. Everything can fit into the human brain: prions, quantums, gods and demons... The question asked by philosophers and "ordinary" people – *unde malum?*, where does evil come from? – finds an answer, perhaps a pessimistic and unpleasant one for man.

Unde Malum?

Skąd się bierze zło?
jak to skąd

z człowieka
zawsze z człowieka
i tylko z człowieka

człowiek jest wypadkiem
przy pracy
natury
jest
błędem

jeśli rodzaj ludzki
wyczesze się
własnoręcznie
z fauny i flory

ziemia odzyska
swój blask i urodę

natura swą czystość
i nie-winność

żadne stworzenie poza człowiekiem
nie posługuje się słowem
które może być narzędziem zbrodni

słowem które kłamie
kaleczy zaraża

zło nie bierze się z braku
ani z nicości

zło bierze się z człowieka
i tylko z człowieka

jesteśmy w myśli – jak powiada Kant –
a tym samym odtąd w bycie
inni niż czysta Natura

Unde Malum?

Where does evil come from?
why ask

from man
always from man
and only from man

man is an accident
at work
he is
nature's
error

if the human species
combs
itself
out of the fauna and flora

the earth will regain
its sheen and beauty

nature its purity
and innocence

no creature but man
uses the word
which may become a murder weapon

the word that lies
injures infects

evil doesn't come from a lack
or from nothingness

evil comes from man
and only from man

we are in thought – as Kant says –
and therefore in existence
different from pure Nature

Z UST DO UST

ideja

ma język
piękny i pokrętny
jak wąż
w raju

z ust filozofa
wychodzi czysta
daleka
od „rzeczywistości"
jak dusza od ciała

wtedy bierze ją
na język
polityk kapłan
działacz

przeżuwa
i wypluwa na głowy
obywateli

z ust polityka
wyjmuje ideję
dziennikarz
przyprawia śliną
arogancją
prowokacją

i wydala przez środki
„masowego przekazu"

ideja rośnie w ustach
ideja sięga bruku

wychodzi na ulicę
zatacza się
jak pijana prostytutka
na prawo i na lewo

MOUTH TO MOUTH

an idea

has a tongue
pretty and twisting
as the serpent
in eden

it comes out clean
from the philosopher's mouth
as far
from 'the real world'
as spirit from the flesh

it sets
tongues wagging
politicians priests
activists

chew it
and spit it
onto the public's head

a journalist
plucks the idea
from a politician's mouth
seasons it with saliva
arrogance
provocation

followed by defecation
out the mass media

the idea balloons in the mouth
the idea comes down to earth

it takes to the streets
staggers
like a drunk prostitute
to right and left

ideja przechodzi
z rąk do rąk
na oczach
oniemiałego świata
zamienia się
w narzędzie zbrodni

a co robi filozof

on milczy i odchodzi
nie oglądając się
za siebie

jakby nie słyszał słów:

„Nie to, co wchodzi do ust,
czyni człowieka nieczystym,
ale to, co z ust wychodzi,
to go czyni nieczystym..."

the idea passes
from hand to hand
eyed
by the dumbfounded world
reshaping itself
into the murder weapon

and the philosopher does what

he says nothing and withdraws
never looking
back

as though he did not hear the words:

"It's not what goes into the mouth,
that makes us unclean,
it's what comes out of the mouth,
that makes us unclean..."

POEMAT RÓWNOCZESNY

Herder: *Und ach! Winckelmann ist nicht mehr!*

(Arcangeli myślał że...
zaszlachtował
luteranina żyda albo szpiega
więc nie miał wyrzutów sumienia)

Casanova poznał Winckelmanna
w Rzymie w roku 1760
po kolacji wszyscy byli rozbawieni
uczony wywijał koziołki
z dzieciakami malarza Mengsa

dnia 14 maja 1767 roku
arcyksiążę Leopold
ogłosił amnestię
jednym z przestępców
wypuszczonych na wolność
był Arcangeli
urodzony w okolicach Pistoi
karany za kradzież
pomocnik kucharza
wzrost średni
twarz okrągła
cera oliwkowa
dzioby po ospie
włosy czarne
brwi gęste czarne
nos mały
czoło niskie
wymowa szybka bełkotliwa
wiek 38 lat
wyznanie rzymsko-katolickie
żonaty

rzeźbiarz
Bartolomeo Cavaceppi
wyruszył z Rzymu do Niemiec
z Abbé Winckelmannem
dnia 10 kwietnia roku 1768
droga prowadziła przez Bolonię Wenecję Weronę

SIMULTANEOUS POEM

'Herder: *Und ach! Winckelmann ist nicht mehr!*[31]

(Arcangeli thought ...
he'd carved up
a Lutheran a Jew or a spy
so he felt no qualms of conscience)

Casanova met Winckelmann
in Rome in 1760
after supper everyone was in high spirits
the scholar capered
with the children of Mengs the painter[32]

on 14th May 1767
Archduke Leopold
proclaimed an amnesty
one of the criminals
set free
was Arcangeli
born near Pistoia
convicted of theft
a kitchen hand
height medium
face round
skin olive
pockmarked
hair black
eyebrows thick black
nose small
forehead low
speech quick mumbled
age 38
religion Roman Catholic
married

the sculptor
Bartolomeo Cavaceppi
set off from Rome for Germany
with Abbé Winckelmann
on 10th April 1768
the route passed through Bologna Venice Verona

droga prowadziła przez Alpy
przez Tyrol
twarz Winckelmanna
wydłużała się zmieniała
kiedy zwróciłem na to uwagę
odpowiedział w patetycznym tonie:

Spójrz jaka okropna okolica
okropne niebo
góry klimat ludzie
jaka architektura!
te spadziste dachy domów!
okropne!

architektura to muzyka
(*gefrorene Musik*
powiedział Goethe)

muszę natychmiast zawrócić
oświadczył w Regensburgu
jestem przekonany że tylko Rzym
może mi dać szczęście

tymczasem w Berlinie Wiedniu Monachium
szykowano tryumfalne bramy

do Triestu! szybciej szybciej
pierwszym okrętem do Ancony
byle bliżej Rzymu

bez kropli krwi w twarzy
ze zgasłymi oczami
wyszeptał
wiem że postępuję źle
ale inaczej postępować nie mogę

meine Gesellschaft
sind die alten Griechen...
mawiał zadomowiony
w pałacu
kardynała Alessandro Albaniego

the route passed through the Alps
through the Tyrol
Winckelmann's face
fell changed
when I pointed it out
he answered in a pathetic tone:

Look at these dreadful surroundings
the dreadful sky
mountains climate people
what architecture!
the steep roofs on the houses!
dreadful!

architecture is music
(*gefrorene Musik*[33]
said Goethe)

I must go back immediately
he announced in Regensburg
I know that only Rome
can give me happiness

meanwhile in Berlin Vienna Munich
they were preparing triumphal gates

to Trieste! faster faster
the first ship to Ancona
anything to get nearer Rome

with the blood drained from his face
eyes dimmed
he whispered
I know what I am doing is wrong
but I can do no other

meine Gesellschaft
sind die alten Griechen...[34]
he used to say at home
in the palace
of Cardinal Alessandro Albani

w pierwszych dniach
czerwca roku 1768
w Trieście
Winckelmann zamieszkał
w gospodzie w pokoju nr 10
(dwa okna wychodzące na port)

w sąsiednim małym ciemnym
pokoiku nr 9
od dwóch dni mieszkał
jakiś człowiek
który przybył z Wenecji
(prawdopodobnie piechotą)
bez bagaży i bez pieniędzy
w znoszonym starym ubraniu
gęste czarne brwi
mały nos
twarz osypana dziobami
po ospie

między sąsiadami
nawiązała się szybko
zażyła znajomość

Winckelmann wywijał koziołki
z dzieciakami Mengsa
wspomina rozbawiony Casanova
(ciągle rozbawiony
opowiada jak złapał prawie
na gorącym uczynku
W. i młodego pokojowca...
ten zapinał rozporek
tamten poprawiał garderobę)

7 czerwca Arcangeli
kupił za 9 groszy nóż z pochwą
a później
pleciony mocny sznur
za 3 soldy

(myślał że zaszlachtował
luteranina żyda albo szpiega
więc nie miał wyrzutów sumienia)

in the first days
of June 1768
in Trieste
Winckelmann stopped
at an inn in room no.10
(two windows overlooking the harbour)

next door in small dark
room no. 9
some fellow
had been staying for two days
he had come from Venice
(probably on foot)
with no luggage or money
with worn-out old clothes
thick black eyebrows
small nose
face pitted by
pockmarks

the neighbours
soon became
close companions

Winckelmann capered
with Mengs's children
recalls the amused Casanova
(still amused
he tells how he almost caught
W. and a young servant
red handed...
one was buttoning his fly
the other adjusting his clothes)

on 7 June Arcangeli
bought a sheath knife for 9 groschen
and later
a strong pleated rope
for 3 soldos

(he thought he'd carved up
a Lutheran a Jew or a spy
so he felt no qualms of conscience)

ukrywając w kieszeniach
narzędzia mordu
poszedł na śniadanie

wrócił do gospody
ze sznura ukręcił stryczek
zawiązał pętlę
zajrzał do „Café"
gdzie wypił na koszt
Winckelmanna kawę
potem
rozmawiali o statku do Wenecji
o złotych i srebrnych monetach

przed Sądem
Arcangeli mówił że za jego czyn
odpowiedzialny jest „zły duch"
(on sam myślał
że zaszlachtował luteranina
żyda albo szpiega
więc nie miał wyrzutów sumienia)

with the murder weapons
hidden in his pockets
he went for breakfast

he returned to the inn
made a halter of the rope
tied the noose
dropped into the café
where he had a coffee
on Winckelmann
later
they talked of a ship to Venice
of gold and silver coins

in court
Arcangeli said an "evil spirit"
was responsible for his deed
(personally he thought
he'd carved up a Lutheran
a Jew or a spy
so he felt no qualms of conscience)

FRANCIS BACON czyli
DIEGO VELÁZQUEZ NA FOTELU DENTYSTYCZNYM

przed trzydziestu laty
zacząłem deptać Baconowi po piętach

szukałem go w pubach galeriach
sklepach rzeźniczych
w gazetach albumach fotografiach

spotkałem go w Kunsthistorisches Museum
we Wiedniu stał przed portretem
Infantki Małgorzaty
Infantin Margarita Teresa in blauem Kleid
Diego Rodriguez de Silva y Velázquez

mam go pomyślałem
ale to nie był on

po śmierci
po odejściu Francisa Bacona
umieściłem go pod kloszem
chciałem obejrzeć malarza
ze wszystkich stron

biorąc pod uwagę
jego naturalną skłonność
do ucieczki do znikania
do picia
do przemieszczania się
w czasie i przestrzeni
od pubu do pubu
w postaci barokowego *putto*
który zgubił kapelusz
i czerwoną skarpetkę
musiałem go
unieruchomić

przez kilka tygodni
chodziłem do Tate Gallery
zamykałem się z nim
i zjadałem oczami

FRANCIS BACON or
DIEGO VELÁZQUEZ IN A DENTIST'S CHAIR
translated by Adam Czerniawski

thirty years ago
I began treading on Bacon's toes

I searched for him in pubs galleries
butcher's shops
in newspapers albums photographs

I met him in the Kunsthistorisches Museum
in Vienna he was standing before the portrait
Infanta Margarita
Infantin Margarita Teresa in blauem Kleid [35]
Diego Rodriguez de Silva y Velázquez

I've got him I thought
but it wasn't him

after his death
after the departure of Francis Bacon
I placed him under a glass-jar
I wished to inspect the painter
from every side

taking into account
his natural tendency
to flee to vanish
to drink
to a shuffle
in time and space
from pub to pub
in the shape of a baroque *putto*
who's lost his hat
and a red sock
I had
to immobilise him

I spent several weeks
visiting the Tate Gallery
shutting myself with him
consuming him with my eyes

trawiłem jego straszną
sztukę mięsa kopulowanie padliny
zamknięty w sobie
prowadziłem dalej mój dialog
ze Saturnem który był zajęty
zjadaniem własnych dzieci
człowieka tak się zabija jak zwierzę
widziałem furgony porąbanych ludzi
którzy nie zostaną zbawieni
pisałem w roku 1945

Bacon pod wpływem alkoholu
robił się ciepły towarzyski
szczodry gościnny
fundował znajomym
szampana kawior
zamieniał się w anioła
ze skrzydłem zanurzonym
w kuflu piwa

większość moich obrazów – mówił –
została wykonana przez człowieka
w stanie Niepokoju

przy malowaniu pewnego tryptyku
pomagałem sobie piciem
tylko raz pomogło
powiedział niewyraźnie
malując palcem na szkle
Lager Beer Lager Beer
malowałem w roku 1962
ukrzyżowanie
czasami na kacu
ledwo wiedziałem co robię
ale tym razem pomogło

Bacon osiągnął transformację
ukrzyżowanej osoby
w wiszące martwe mięso
wstał od stolika i powiedział cicho
tak oczywiście jesteśmy mięsem
jesteśmy potencjalną padliną
kiedy idę do sklepu rzeźniczego

I digested his terrible
meat-art copulating carcasses
shut in myself
I continued my dialogue
with Saturn absorbed in
eating his own children
the way of killing men and beasts is the same
I've seen it:
truckfuls of chopped-up men
who will not be saved
I wrote in 1945

under the influence of alcohol
Bacon became warm sociable
generous hospitable
stood champagne caviar
turned into an angel
with a wing dipped
in a beer-mug

most of my paintings – he would say –
are the work of a man
in a state of Anxiety

while painting a certain triptych
I helped myself to a drink
it only helped once
he mumbled
while painting
Lager Beer Lager Beer on glass
in 1962 I painted
a crucifixion
blind drunk at times
I hardly knew what I was doing
but this time it helped

Bacon achieved a transformation
of a crucified being
into hanging dead meat
got up from the table and said softly
yes of course we are meat
we are potentially carrion
whenever I am at a butcher's

zawsze myślę jakie to zdumiewające
że to nie ja wiszę na haku
to chyba czysty przypadek
Rembrandt Velázquez
no tak oni wierzyli w zmartwychwstanie
ciała oni się modlili przed malowaniem
a my gramy
sztuka współczesna stała się grą
od czasów Picassa wszyscy gramy
lepiej gorzej

czy widziałeś rysunek Dürera
dłonie złożone do modlitwy
oczywiście pili jedli mordowali
gwałcili i torturowali
ale wierzyli w ciała zmartwychwstanie
w żywot wieczny

szkoda że... my...
nie dokończył i odszedł w sobie wiadomą
stronę
minęły lata
w łowach na Bacona
pomagał mi Adam
poeta tłumacz
właściciel krótkopisu
zamieszkały w Londynie
i Norwich
(ukrywa się w Delft)
12 czerwca 1985 roku
pisał do mnie:
Kochany Tadeuszu
byłem dziś na wielkiej wystawie Bacona
i myślałem że Ty miałbyś z niej dużo
satysfakcji. Ja zaś poszedłem dość opornie.
Ale nie żałuję, bo te wczesne nadgryzione głowy
są kompozycyjnie i kolorystycznie
bardzo efektowne. Natomiast nie przekonały
mnie nowe obrazy. Jak Ci już pisałem
przyjadę do Wrocławia (...)
na odwrocie reprodukcja *Head IV*

I always think it astonishing
it's not me hanging on the hook
must be pure chance
Rembrandt Velázquez
well yes they believed in the resurrection
of bodies they prayed before painting sessions
while we play
modern art is a game
from Picasso onwards we all play
better or worse

have you seen Dürer's drawing
hands set in prayer
naturally they drank ate murdered
raped and tortured
but did believe in the resurrection of bodies
in life eternal

pity that... we...
he stopped and left no one knew
where
years passed
in my hunt for Bacon
I had help from Adam
poet translator
who owns a *krótkopis* [36]
lives in London
and Norwich
(and hides in Delft)
on 12 June 1985
he wrote to me:
Dear Tadeusz
today I went to a huge Bacon exhibition
and thought you'd find it very
satisfying. I went reluctantly,
but have no regrets because these early chewed-up heads
are very effective
in their composition and pigmentation.
But the newer paintings
failed to convince me. As I've already told you
I'll be coming to Wrocław (...)
(on the back a reproduction of Head IV 1948-1949)

przecież ja Adamie
nie mogę powiedzieć
Baconowi
On nie zna języka polskiego
ja nie znam języka angielskiego
powiedz mu że debiutowałem *Niepokojem*
w roku 1947

pisałem: *różowe ideały*
poćwiartowane
wiszą w jatkach (...)

W roku 1956 pisałem:

jeszcze oddychające mięso
wypełnione krwią
jest pożywieniem
tych form doskonałych

zbiegają się tak szczelnie nad zdobyczą
że nawet milczenie nie przenika
na zewnątrz (...)

the breathing meat
filled with blood
is still the food
for these perfect forms

obaj wędrowaliśmy
przez „Ziemię jałową"

Bacon opowiadał że lubi
oglądać swoje obrazy przez szybę

nawet Rembrandta
lubi za szkłem
i nie przeszkadzają mu przypadkowe osoby
które odbijają się w szybie
zamazują obraz
przechodzą
ja
nie cierpię obrazów za szkłem

But Adam
I can't tell
Bacon
He doesn't know Polish
I have no English
tell him my first book in 1947
was called *Anxiety*

I wrote: *hacked*
pink ideals
hang in slaughter-houses (...)

In 1956 I wrote:

the breathing meat
filled with blood
is still the food
for these perfect forms

they press so close around their spoil
that even silence does not penetrate
outside (...)

jeszcze oddychające mięso
wypełnione krwią
jest pożywieniem
tych form doskonałych

we have both travelled
through a *Waste Land*

Bacon said he liked
looking at his paintings through glass

he even likes Rembrandt
behind glass
and is not bothered by chance viewer
reflected in the glass
who blur the image
and pass
I
hate pictures behind glass

widzę tam siebie pamiętam że kiedyś
oglądałem kilku Japończyków
nałożonych na uśmiech Mony Lisy
byli bardzo ruchliwi
Gioconda została unieruchomiona
w szklanej trumnie
po tej przygodzie
już nigdy nie wybrałem się do Luwru
Gioconda uśmiechała się pod wąsem
Bacon zamknął w klatce
papieża Innocentego VI
potem Innocentego X
i Piusa XII
Infantkę Małgorzatę w błękicie
jeszcze jakiegoś sędziego prokuratora
wszystkie te osoby zaczęły krzyczeć

w roku 1994
14 lutego
w dniu Świętego Walentego
na szklanym ekranie
ukazał mi się Francis Bacon
okrągła głowa owalna twarz
wymięty garnitur
słucham Bacona
patrzę na portret
na czerwoną twarz papieża Innocentego VI
patrzę na łagodną buzię Infantki

próbowałem pokazać
pejzaż jamy ustnej
ale mi się nie udało
mówił Bacon
w jamie ustnej znajduję
wszystkie piękne kolory
obrazów Diego Velázqueza

szyba tłumi krzyk
pomyślałem
Bacon przeprowadzał swoje operacje
bez znieczulenia
przypomina to praktyki
XVIII-wiecznych dentystów

I see myself there I remember once
noticing some Japanese
imposed on Mona Lisa's smile
they were very animated
Gioconda became fixed
in a glass coffin
after that encounter
I've never been to the Louvre
Gioconda smiled into her moustache
Bacon locked
Pope Innocent VI in a cage
then Innocent X
and Pius XII
The Infanta Margarita in a sky-blue dress
also a trial judge
all these personages started screaming

in 1994
on 14th February
St Valentine's Day
Francis Bacon appeared to me
on a glass screen
a round head an oval face
crumpled suit
I listen to Bacon
observe the portrait
the red face of Pope Innocent VI
I observe the Infanta's gentle little mouth

I tried to show
the landscape of the mouth cavity
but failed
Bacon was saying
in the mouth cavity I find
all the beautiful colours
in Diego Velázquez's paintings

glass muffles cries
I thought
Bacon was performing his operations
without anaesthetics
in the manner
of 18th century dentists

Zahnextraktion
przecinali też wrzody czyraki karbunkuły
to nie boli mówił do Infantki
proszę otworzyć buzię
niestety nie mam środków znieczulających
to będzie bolało
Infantka na fotelu ginekologicznym
Papież Innocenty VI na fotelu elektrycznym
Papież Pius XII w poczekalni
Diego Velázquez
na fotelu dentystycznym
przyjaciel *George Dyer*
before a Mirror – 1968
albo na sedesie...

malowałem otwarte usta
krzyk Poussina w Chantilly
i krzyk Eisensteina na schodach
malowałem
na kanwie z gazet
reprodukcji reprodukcji
w kącie mojej pracowni
leżała kupa gazet fotosów
jako młody człowiek
kupiłem sobie w Paryżu
książkę o chorobach jamy ustnej
Bacon rozmawiał z Davidem Sylvestrem
i nie zwracał na mnie uwagi

chciałem go sprowokować
więc zapytałem czy słyszał
o gnijącej jamie ustnej Sigmunda Freuda
pod koniec życia nawet wierny
pies uciekał od swego pana
nie mogąc znieść smrodu
czemu Pan nie malował
podniebienia zjedzonego
przez pięknego raka
Bacon udawał że nie słyszy

te pańskie modele drą się
jak odzierane ze skóry chmury
znów pan posadził papieża

Zahnextraktion [37]
they also cut boils ulcers carbuncles
it's not painful he would tell the Infanta
please open your mouth
unfortunately I have no anaesthetics
this will hurt
The Infanta in a gynaecological chair
Pope Innocent VI in an electric chair
Pope Pius XII in a waiting-room
Diego Velázquez
in a dentist's chair
friend "George Dyer
in front of a mirror – 1968"
or on a lavatory seat...

I painted open mouths
Poussin's cry at Chantilly
and Eisenstein's cry on the steps
I painted
on a newspaper canvas
on reproductions of reproductions
in the corner of my studio
I had a pile of newsprint and photos
when I was young
I bought myself in Paris
a book on mouth-cavity diseases
Bacon was in conversation with David Sylvester
and paid no attention to me

I tried to provoke him
so asked whether he's heard
about Sigmund Freud's rotting mouth cavity
towards the end of his life even his faithful
dog would run away from his master
couldn't stand the stench
why didn't you paint
a mouth roof eaten by a beautiful cancer
Bacon pretended not to hear

these models of yours rip
like flayed clouds
again you've placed Pope

Innocentego któregoś
w piekarniku
znów pan chce tej cichej
sennej pięknie ułożonej i namalowanej
Infantce
zaaplikować
„die Applizierung" des Klistiers

chciałem prosić Adama
o pomoc ale Adam
uśmiechnął się
jadł „kanapkę" z tuńczykiem
i pił heinekena

powiedz mu Adamie
powiedz mu
proszę „po angielsku"

że dla mnie zamknięte usta
są najpiękniejszym krajobrazem

usta Nieznajomej z Florencji
Andrea Della Robbia
Ritratto d'Ignota
Portrait of Unknown Woman

i powiedz mu jeszcze
że Franz Kafka bał się otwartych
ust i zębów pełnych mięsa i złotych koronek
umieściłem to w sztuce *Pułapka*
która była grana w Norwich
szkoda że Bacon nie namalował
portretu Eliota cierpiącego
na zapalenie okostnej
z twarzą owiniętą w kraciastą
chustkę

Adam jadł teraz kanapkę
z wędzonym łososiem
Tadeuszu! to już trzeci kufel
ostrzegałem Cię że guinness
jest mocny
spytaj pana Franciszka

Innocent whatever his number
in an oven
again you want to administer
"die Applizierung des Klistiers"[38]
to this dreamy well-mannered and well-painted
Infanta

again I thought of asking Adam
for help but Adam
smiled
ate a tuna sandwich
and drank Heineken[39]

Adam tell him
tell him
in English

that for me closed lips
are the most beautiful landscape

the lips of
The Unknown Florentine Woman
Ritratto d'Ignota
by Andrea della Robbia

and tell him also
that Franz Kafka feared open
mouths and teeth full of meat and gold crowns
this is in my play *The Trap*
which was performed in Norwich
pity Bacon didn't paint
a portrait of Eliot suffering
from the inflammation of the periosteum
his face wrapped in a check
shawl

now Adam was eating a smoked salmon
sandwich
Tadeusz! this is your third pint
I did warn you Guinness
is strong
ask Mr Bacon

czy wie co powiedział Wondratschek
o ustach i zębach
Adam schował krótkopis

Der Mund ist plötzlich
der Zähne überdrüssig
powiedział Wondratschek

Bacon powiedział do kufla piwa
nigdy nie udało mi się
namalować uśmiechu
zawsze miałem nadzieję
że będę zdolny namalować usta
tak jak Monet namalował
zachód słońca

a malowałem
usta pełne krzyku i zębów

ukrzyżowanie? jeszcze raz powtarzam
to jedyny obraz
który malowałem po pijanemu
ale ani picie ani narkotyki
nie pomagają w malowaniu
tyle że człowiek robi się rozmowny
a nawet gadatliwy

żegnaj Francis Bacon
napisałem o Tobie poemat
już nie będę Cię szukał
koniec kropka
a! jeszcze tytuł poematu
Francis Bacon
czyli
Diego Velázquez
na fotelu dentystycznym
prawda, że niezły
żaden z irlandzkich
czy angielskich krytyków
i poetów
nie wymyślił
takiego tytułu
może niepotrzebnie

whether he knows what Wondratschek said
about mouths and teeth
Adam put away his *krótkopis*

Wondratschek said
*Der Mund ist plözlich
der Zähne überdrüssig* [40]

Bacon addressed the beer-mug
I never managed
to paint a smile
I always hoped
I would be able to paint lips
the way Monet painted
sunsets

but I painted
mouths full of cries and teeth

crucifixion? I repeat again
it's the only painting
I painted drunk
but neither drink nor drugs
help you to paint
you just become more talkative
even garrulous

goodbye Francis Bacon
I have written a poem about you
I won't be searching for you any more
end fullstop
wait! there's still the poem's title
Francis Bacon
or
Diego Velázquez
in a dentist's chair
not bad eh
none of the Irish
or English critics
or poets
had thought up
such a title
perhaps I shouldn't have

dodałem jeszcze do tytułu
ten długi poemat
ale człowiek przy piwie
robi się rozmowny
a nawet gadatliwy

luty 1994 – marzec 1995

added such a long long poem
to the title
but one gets talkative
even garrulous
over a pint

February 1994 - March 1995

RODZINA NADPOBUDLIWYCH

Głos z czarnej skrzynki:
tu „radio ślinotok"

dziecko nadpobudliwe
to pół biedy
ale trójka nadpobudliwych
pociech
to już prawie plaga
dla rodzica

(słowo „rodzic"
stało się modne
„rodzicem" może być ojciec
może być matka)

nie daj boże jak z takim
dzieckiem idziemy w gości
dziecko wszystko psuje
co mam robić?

stosuje się takie lekarstwo
„rytalin"

dzwonię bo jestem dziadkiem
nadpobudliwego dziecka

ja w sprawie wnuczka
wskaźnik inteligencji ma 144
ma 12 lat co będzie za rok?
mówi
„babcia masz zgasić telewizor
albo ci wyrzucę książki"
mama jest psychologiem
ale akurat dla dorosłych
więc co mamy robić

są w naszym parlamencie
nadpobudliwi posłowie
bez przerwy się kręcą
czytają gazety

Voice from black box:
this is Radio Dribble

one hyperactive child's
not that bad
but three hyperactive
kiddies
are just a parenting
nightmare

(the word "parenting"'s
fashionable now
a "parenting person" may be a father
or a mother)

heaven help me
I can't take this child anywhere
the child ruins everything
what can I do?

there's a medicine
Rytalin

I'm calling because I'm the granddad
of a hyperactive child

it's regarding my grandson
his intelligence quotient is 144
if he's 12 now what should we expect next year?
he says
"turn off the t.v. grandma
or I'll chuck your books out"
his mummy is a psychologist
but for adults unfortunately
so what can we do

in our parliament
we have hyperactive members
they never stop wriggling
they read the papers

podnoszą rękę
opuszczają nogę
wychodzą szukają w bufecie
napojów wyskokowych
wchodzą szukają sądu
zgłaszają coś na siebie
chowają się w toalecie
i robią w ten sposób kryzys rządowy

przepraszam czy „radio ślinotok"?

mam takie dziecko
ma 10 lat jak przyjdzie wieczór
to chodzi jest gwałtowny
nie posiedzi chwili w miejscu
są momenty
że agresja nasila się
coś robi
a pani nauczycielka
się denerwuje

może pani zwróci się do
psychiatry dziecięcego

ale proszę pani te dzieci
ruszają się bez przerwy

co prawda ja nie mam
nadpobudliwych dzieci
ale męża

skąd bierze się taka ilość
dzieci nadpobudliwych?

skoro matka w ciąży słucha agresywnej
muzyki to niemowlę
staje się nadpobudliwe

moje wizyty u znajomych
kończą się po godzinie
bo dziecko wchodzi pod
choinkę stłucze bombkę
ja uczę go wierszyka

raise a hand
drop a leg
exit pursuing a bar
the hard stuff
enter pursuing a court
to denounce themselves
they hide in the toilet
thus creating a government crisis

excuse me is that Radio Dribble?

I have this child right he's ten
when it gets dark
he's off he's violent
can't sit still for a moment
sometimes
the aggression's so bad
he'll do anything
and it gets on
the teacher's nerves

why not try
a child psychiatrist

but listen these kids
they never stop moving

well actually it's not my
children who are hyperactive
it's my husband

all these hyperactive children
where do they come from?

if a pregnant mother listens to aggressive
music the baby
will be hyperactive

if I visit friends
I'm back within the hour
because my child vanishes under
the christmas tree breaks a ball
I'm teaching him a poem

ach! proszę pani! może
to za wcześnie uczyć poezji
może winne są konserwanty
w żywności dziecko może
samo zacząć robić wierszyki
pod siebie
i wtedy jest już za późno

halo! jestem wujkiem
dziewczynki i chłopczyka
dziewczynka nie może
się skupić chłopczyk też

Do woja?!

Ministerstwo Obrony chce wezwać
6 tysięcy poborowych z wyższym wykształceniem
poborowi stają się nadpobudliwi
nadpobudliwi poborowi
biegają do psychiatrów seksuologów
psychologów dostają ze strachu
przed wojem fiksacji i sraczki
nie tylko udają greka
ale często wariata

mój siostrzeniec zawsze lubił
karabinki rewolwery łuki czołgi
jako młodzieniec nosił uniformy
amerykańskich i niemieckich armii
z demobilu
w ogóle chodził ubrany jak spadochroniarz

a kiedy otrzymał wezwanie
na komisję poborową dostał
płatfusa psychicznego i faktycznego
nie chciał myć zębów nóg
błagał rodziców żeby wstawili się
u sąsiada który ma znajomego lekarza
w szpitalu psychiatrycznym
w domu piekło
chłopak ze strachu zielony
wreszcie uciekł na ochotnika
do babci

ah! listen! perhaps
this is too soon for poetry
perhaps it's the preservatives
in the food a child could
start doing poems
in his pants
then it's too late

hullo! I'm an uncle
one girl and one boy
the girl can't concentrate
the boy can't either

Into the barracks?!

The Ministry of Defence plans to call up
6 thousand conscripts with degrees
the conscripts become hyperactive
the hyperactive conscripts
run to psychiatrists sexologists
psychologists go down with barrack
phobia involving fixation and diarrhoea
they don't just play dumb
they play crazy

my nephew always liked
rifles pistols bows tanks
as a youngster he used to wear uniforms
American and German army
surplus
usually looked like a parachute trooper

but when the conscription board
called him up he contracted
psychological and actual fallen arches
refused to wash his teeth feet
begged his parents to talk to
a neighbour who knew a doctor
in a psychiatric hospital
domestic hell
the boy turned green from fright
finally he volunteered to escape
to gran

która mieszka w Kanadzie

tu mówi
zrozpaczona babcia
mój wnuczek się zdenerwował
i zaczął strzelać zabił
dwanaście osób
w tym także rodziców
jestem zrozpaczoną
babcią
gdyż wnuczek został odprowadzony
do izby dziecka bez śniadania

mam 7 lat i na imię Waldek
mój dziadek wtrąca się
do wszystkiego co robię
ale i babcia też miała
swój dzień babci wczoraj
i też bez przerwy mówiła
na dodatek jest dzień dziecka
więc wszyscy są zabiegani
i biorą wszystko do ręki
i bez przerwy mnie pytają
skąd się biorą dzieci

dziadek stoi w lustrze
i robi różne miny

dziadek zakłada na głowę
kapelusz zdejmuje
zakłada rogatywkę
salutuje stoi
potem ogląda sobie medal
robi przysiady
mówi że musi się zlustrować
mówi że mamy herb i rysuje
mi w zeszycie szablę i koński
ogon i dwa rogi i jedno drzewo
gena… genea… logiczne
biega po pokoju
i pruka kiedy myśli
że jest sam

who lives in Canada

I'm a
desperate gran
my grandson got upset
and started shooting he killed
twelve people
including his parents
I'm a desperate
gran
because they put my grandson
in juvenile detention without his breakfast

I'm 7 and my name's Waldek
my granddad sticks his nose
in everything I do
granny too
yesterday was Grandmother's Day
and she never stopped talking
and worse than that today's Children's Day
so everybody's rushing about
and picking up things
and they keep asking me
where children come from

granddad's glued to the mirror
pulling funny faces

granddad sticks his hat
on his head pulls it off
puts on his veteran's cap
salutes stands up
then looks at his medal
does sit-ups
says he's vetting himself [41]
he says we've got a coat of arms and draws
a rapier in my schoolbook and a horse's
tail and two horns and one tree
gena...genea...logical
he runs round the room
and farts if he thinks
he's alone

Hallo! Czy to „radio ślinotok"?

mam wnusię 6 latek
była cudownym aniołkiem
ale dziś rano kopnęła mnie
w kolano nie! przepraszam w kostkę
i powiedziała niech mnie
babcia pocałuje w d...
jestem u kresu sił
i stałam się nadpobudliwa

mój konkubin powiedział
że rozedrze małą

nasze babcie i herbatka lipowa

zawarta w herbacie teina
źle wpływa na kobiety
w ciąży ponieważ
ale herbatka jest znakomitym
środkiem chociaż w większych
ilościach może działać
ujemnie
więc herbatkę lipową
którą nasze babcie...
jest znakomitym środkiem
uwaga!
główny weterynarz kraju
ostrzega przed spoży-
waniem mięsa wieprzowego
i pasztetów francuskiej
firmy Kudrej
bakterie *listeria*
powodują listeriozę
misterioza Kudrej
jest przyczyną zgonu
dwóch osób w unii europejskiej

22 stycznia 2000 r.
sobota kończy się dzień dziadka
czy to „radio ślinotok"?
mój dziadek jest bardzo kochany
ale nie może usiedzieć na miejscu

Hello! is that Radio Dribble?

I've a little granddaughter age 6
she used to be an absolute angel
but this morning she kicked me
on my knee! beg pardon my ankle
and said granny can
kiss her on the a....
I'm at the end of my tether
and have become hyperactive

my boyfriend said
he'll tear her to bits

our grannies and their herb tea

the tannins in tea
affect women adversely
during pregnancy because
but herb tea is a splendid
specific though in larger
quantities it may have
a negative effect
so the herb tea
that our grannies...
is a splendid specific
warning!
the government's chief vet
warns against con-
suming pork
and paté from the French
company Mercibeaucoup
the bacteria *listeria*
causes listerosis
misteriosis Mercibeaucoup
has caused the decease
of two people in the european union

22 January 2000
Saturday Grandfather's Day is ending
is that Radio Dribble?
my granddad's really lovely
but he can't sit still

ciągle biega do łazienki
albo do kuchni
mój dziadek jak siedzi
to się bez przerwy rusza
wszędzie dziadka pełno
przekłada ciągle coś
dzwonię do pani redaktorki
bo choć mam 6 lat to
bardzo się o dziadka martwię

wszystkiego musi dotknąć
i mówi tak
„za moich czasów dzieci były inne"

he keeps running to the bathroom
or the kitchen
when my granddad does sit down
he never stops moving
granddad's all over the place
he jiggles things about
I'm calling your station miss
because even though I'm only 6
I am so worried about my granddad

he has to touch everything
and says this
"in my days children were different"

***

pusty pokój

pusty?
przecież ja w nim jestem

jestem piszę
wsłuchuję się w ciszę

na poduszce wgłębienie
po twojej głowie
wypełnia
wygładza
czas

***

an empty room

empty?
but I'm here

I am I write
I listen to the quiet

in the pillow this dip
where your head rested
is being filled
smoothed
by time

TRANSLATORS' ENDNOTES

[1] Polish naive painter (1895-1968). He was discovered in the 1930s and became extremely popular.

[2] Paul Celan (1920-1970). Jewish-Romanian poet who was sent to a forced labour camp and later wrote phantasmagorically of the horrors of war. He committed suicide.

[3] "What is recycling? The re-use of raw materials which have previously been used at least once, in order to make new products."

[4] Popular Polish tune. In the concentration camps the Germans made Gypsies and Jews play music. [TR]

[5] Shall we see who's
     wearing the trousers this Summer?

     The designers have thought
     up lots of models:

     pencil-trousers, Marlene-look,
     hippie-feeling, Gucci-dress
     lemon-yellow hipsters
     with a floral pattern
     perfect with bare-midriff tops
     and jumpers

     you stuffed stocking
     you old witch old cannon
     old hat old rag old crib
     old gazette
     you shit-shop bucket-of-shit
     old wash stand old nanny goat
     old lemon
     crematorium object

     which man would like
     to get to know me on my
     female planet?

     well-built, sensual, erotic beauty
     acad. blonde
     do you like the theatre too
     music literature dancing ski-ing
     tennis sauna travel walking

[6] gold-shitters

[7] Nazi-Gold
     in Portugal too
     the long poem

[8] "Jews out"

113

[9] the long poem
[10] Leading postwar Polish literary critic.
[11]   a terrible suspicion
       that, immediately after World War Two,
       Switzerland may well have
       knowingly minted coins
       from gold taken from the dental fillings
       of Holocaust victims (…)
       thus the British Broadcasting Corporation (BBC)
[12] The German name for the Polish territories under the Nazi occupation.
[13] Polish title: *Gospodarka wyłączona. Życie na niby*
[14] the long poem
[15]   Danger on you plate
       Turning away from steaks and roasts
[16] "bovine spongiform encephalopathy"
[17] *Rouladen*, a popular dish in Schleswig-Holstein, very similar to what some English people know as beef olives.
[18]   Farmers Union President
       calls on public
       to demonstrate with an
       "Extra *Roulade* Day
       for healthy food
       from Schleswig-Holstein"
[19] in the Hanover district
[20]   BSE contamination cannot
       be ruled out in beef broth
       and even sausages can
       be contaminated with BSE
       especially if cows' brains
       have been used
[21] so beware of imported goods!
[22] (for Austr.[ian] cooking)
[23]   Beef a big favourite

apparently the organisms
which cause brain degeneration
are PRIONS, denatured proteins
which, in their normal healthy version
are present in all life-forms

everywhere

24   so now Rosie's milk
       contains the protein "alpha-lactalbumin",
       otherwise only found
       in mother's milk
25   And doctors issue warnings
       about living-cell cultures
       for which serum is often obtained
       from the glands of sheep
26   Many people already carry the
       infection within them
27   the cover-ups
       in the United Kingdom
       can barely keep up
       with the burning
       of piles of corpses
       Creutzfeld-Jakob Disease
28   Another form of CJD
       is called 'Kuru' – the Laughing Death,
       because many of its victims
       grin insanely in the final stages
29   "Blind Cow"
30   Tadeusz Różewicz sees *Meat* as an open poem which writes itself as time goes on. In November 1999 he showed us a Polish newspaper cutting with the headline, *British Beef is Now Safe*. He pointed to the first paragraph: "The European Union's scientific committee unanimously rejected French documents intended to lead to a continuation of the embargo on British beef. The decision, which was announced in Brussels, caused delight in London." Różewicz commented: "First the politicians wrote this poem, and now they're plagiarising it."
31   *And oh! Wincklemann is no more!*
     Johann Joachim Winkelmann (1717-1768). Antiquarian, archaeologist, art historian and theorist of classicism. He worked in Italy from 1755, becoming librarian to the Vatican and secretary to Cardinal Albani, who gathered a large collection of classical marbles. Goethe described Winckelmann as another Columbus, synthesising knowledge so that "One learns nothing new when reading his work, but one becomes a new man!"
32   German neoclassicist regarded by some contemporaries as the greatest artist of the time. "There was a colony of German artists in Rome at the time. Mengs and Angelica Kauffman were part of it, and Casanova." [TR]
33   frozen music
34   the Ancient Greeks
       are my society
35   The infant Margarita Teresa in a blue dress

[36] *Krótkopis* [short-writer] is a neologism created by the translator on the analogy with 'długopis' ['long-writer' meaning 'biro' or 'felt-pen'] as the title of his journal which was being serialised in a Warsaw monthly at the time. [AC]

[37] tooth extraction

[38] "the application of the enema"

[39] Only because there was no better lager available [AC]

[40]   The mouth is suddenly
        tired of the teeth

[41] The Vetting Court (Sąd Lustracyjny) scrutinises the political past of those holding public office in Poland today.

TADEUSZ RÓŻEWICZ is one of the greatest writers of our time, unmatched as a chronicler of the crimes and hopes of the twentieth century, almost unique in his effortless mastery of both poetry and drama. He was born in 1921 in Radomsko, Poland. He fought in the underground Home Army during the Nazi occupation and began publishing with the clandestine press. After the war he studied art history in Kraków and his first book of poetry, *Niepokój (Anxiety)*, appeared in 1947. He set himself the task of re-inventing literature in the face of a brutality that seemed to have devalued everything, including words themselves, for an audience of survivors: "We learnt language from scratch, these people and I." His stark, stripped, honest poetry, distrusting every trace of rhetoric, was quickly recognised as one of the key moral voices of postwar European literature. He has published well over twenty volumes of poetry, including *Poemat otwarty* (*Open Poem*, 1957), *Rozmowa z księciem* (*Conversation with the Prince*, 1960), *Opowiadania traumatyczne* (*Traumatic Stories*, 1979), *Wiersze różne* (*Miscellaneous Poems*, 1983), *zawsze fragment* (*always a fragment*, 1996), *recycling* (1998), and *Uśmiechy* (*Smiles*, 2000).

In the early 1960s Tadeusz Różewicz also established himself as one of the most innovative post-war dramatists. *Kartoteka* (*The Card Index*, 1960), an Absurdist social satire, has been called Eastern Europe's *Waiting for Godot*. It was filmed by Krzysztof Kieślowski in 1979. His other, ceaselessly experimental, plays include *Białe małżeństwo* (*Marriage Blanc*, 1975), the anti-heroic war play *Do piachu* (*Dead and Buried*, 1979), – which provoked national controversies both during and after the Communist era – and *Pułapka* (*The Trap*, 1984) a haunting study of Kafka. His other writing includes essays – especially theatrical and literary theory – and fiction. He has been translated into forty languages and performed all over the world.

In his seventies Tadeusz Różewicz entered a new period of intense creativity. Alongside *recycling*, his most recent works include the play *Kartoteka.rozrzucona*. (*The Card Index Scattered*, 1995), and the prose memoir *Matka odchodzi* (*Mother's Going Away*, 1999) for which he won the prestigious Nike 2000 prize. He lives in Wrocław.

BARBARA PLEBANEK lives in London and is a professional translator and interpreter. Her published translations include work by Tadeusz Różewicz, Hannah Krall, Ewa Lipska, Maria Pawlikowska-Jasnorzewska and John Kennedy Toole.

TONY HOWARD is Senior Lecturer in English and Comparative Literature at the University of Warwick and has published widely on East European drama and on Shakespeare. He translates Polish plays and poetry with Barbara Plebanek.

ADAM CZERNIAWSKI is a Polish poet living in Britain. A close friend of Tadeusz Różewicz, he has published translations of a large selection of his poetry in *They came to see a poet*, and nine of his plays, including *The Card Index*, *Marriage Blanc* and *The Trap*. He has also written extensively on Różewicz's poetry in Polish and English. Czerniawski's own writings in English include a memoir *Scenes from a disturbed childhood*, a bilingual *Selected Poems*, translated by Ian Higgins, *The Burning Forest*, an anthology of Polish poetry, and *The Mature Laurel*, an edition of essays on modern Polish poetry.